BRUSSELS' KITCHEN

Les meilleures adresses food & style
The best places to eat out in style

Sarah Cisinski & Chloé Roose

Racine

Préface

FR Tout foodie bruxellois qui prétend à ce titre se doit d'avoir un œil sur Brussels' Kitchen. Depuis 2012, ce blog est devenu une référence absolue qui n'a pas son pareil pour saisir le bouillonnement culinaire actuel. Pour cause, les images donnent faim et les textes aussi juteux que précis ne cèdent pas à l'hipsterie. À la manœuvre, Chloé et Sarah, architectes d'intérieur, designers, et vestales du bon goût, ont été parmi les premières à comprendre que manger n'est pas seulement une histoire de satiété. À l'affût de ce qui fond sur la langue et de ce qui fait sens, ces deux jeunes femmes excellent à dénicher les bonnes adresses dans la capitale et ailleurs. Des exemples? Ils se ramassent à la pelle, mais on pense tout particulièrement à La Buvette, au Certo, à Origine, au Humphrey ou à Transvaal, qu'elles soutiennent depuis leur début. Mais ce tandem inspiro-charmant ne se limite pas à jouer les carnets d'adresses, il se veut également créateur d'évènements gastronomiques.

Tout cela, qui a contribué à réveiller la scène food bruxelloise, méritait d'être gravé dans le marbre du papier. C'est désormais le cas aujourd'hui avec cet opus qui reprend 90 adresses à ne pas rater, rassemblées à travers six quartiers.

Le tout éclairé à la lueur d'interviews de personnalités – Baptiste Lardeux, Frédéric Nicolay, Lakhdar, Audrey Schayes, Julien Hazard, Pierre Lhoas – sans lesquelles la capitale rongerait encore des os au fond d'une caverne.

Un conseil: puisque plus rien ne fait écran, n'en ratez pas une miette!

Michel Verlinden

EN Any Bruxellois who claims to be a true foodie should check out Brussels' Kitchen. Since launching in 2012, this blog has become the undisputed number-one source for emerging culinary trends. And it's no surprise: the photos would make anyone hungry and the descriptions are always on point, without ever falling into hipsterism. Behind all this are Chloé and Sarah, interior designers and arbiters of good taste who were among the first to understand that eating isn't only about filling your stomach. These two young women, always on the lookout for what melts in the mouth and makes the senses come alive, are unmatched when it comes to unearthing great finds in Brussels and elsewhere. La Buvette, Certo, Origine, Humphrey and Transvaal are just some of the establishments they have been supporting since the very beginning. But this charming and inspiring duo does more than serve as an address book; they are also influential event curators, shaking up Brussels' culinary scene with amazing events.

All of these efforts, which have greatly contributed to waking up the taste buds of the Bruxellois, deserved to be immortalized in a book. This guide covers 90 not-to-be-missed spots, in six different areas.

The book is interspersed with interviews of influencers, such as Baptiste Lardeux, Frédéric Nicolay, Lakdhar, Audrey Schayes, Julien Hazard and Pierre Lhoas without whom the Bruxellois would probably still be gnawing on bones deep in a cave somewhere.

Grab your copy so you don't miss out on the tasty finds.

Michel Verlinden

Sommaire
Contents

Bailli, Châtelain, Brugmann

Flagey, Saint-Boniface, Porte de Namur

Stéphanie, Marolles, Sablon

Cirque Royal, Bourse, Sainte-Catherine

Gare du Midi, Van Meenen, Albert

Un peu plus loin du centre
A bit further from the center

Bailli, Châtelain, Brugmann

Belga & Co

Café de spécialité / *Specialty coffee*

7 rue du Bailli
1050 Ixelles
+32 2 644 14 98
belgacoffee.com

Brunch: 10€ - 15€
Jardin / Garden

FR Depuis son ouverture, Belga & Co aura su convaincre les amateurs de café du quartier Bailli. La journée, on peut y observer les allées et venues des free-lances, arrivant avec leur laptop pour un rendez-vous pro ou pour bosser pendant des heures, à coups de cookies sans gluten et de cappuccino.

Toutes les conditions y sont réunies pour en faire le lieu parfait pour un « working café ». Dans cette jolie maison bruxelloise reconvertie, masques africains et sacs en jute sont suspendus aux murs de couleur brun profond, pour une ambiance chaleureuse et tamisée. Un éclairage tout en douceur aide à la concentration, combinaison habile de luminaires ponctuels et de lumière naturelle venant du jardin. On aime venir y commencer la journée, se concentrer pendant de longues heures dans ce coin paisible où chacun trouve sa place pour travailler ou tout simplement venir profiter d'un cappuccino au jardin entre amis les jours de beau temps.

Le midi, une soupe du jour et trois tartines sont proposées à la carte : viande, fromage ou végétarienne. Et tout au long de la journée, un délicieux café torréfié par leurs soins à Anvers chaque semaine. Derrière Belga & Co, une vraie vision et une envie de deux amis de faire découvrir leur expertise du café à travers les petits plaisirs de la journée. Ils expliquent leur *motto* « *Simple pleasures* » écrit en toutes lettres sur la vitre comme suit : « *Because pleasure finds its way in the most simple things of life.* »

EN From the day they opened, Belga & Co has never had trouble attracting coffee aficionados. All day, free-lancers come and go with their laptops, holding professional meetings, or working for hours fortified by gluten-free cookies and cappuccino.

All the conditions are met to make it the perfect working spot: African masks and coffee bean bags hang on the deep brown walls of this beautiful 19th century house, making it cosy and intimate. The soft lighting, a blend of wall lamps and natural light from the big garden window is a big plus to help anyone focus. We love to start the day here, get the concentration we need in a calm corner of the room or come by with friends for a cappuccino in the garden when the sun comes out.

At lunchtime they have meat, cheese or vegetarian sandwiches and they serve excellent coffee all day long, roasted weekly in their own coffee house in Antwerp. Belga & Co is owned by two friends with a true vision, whose mission is to share their knowledge about coffee.

Their motto, "simple pleasures" is written on the window: "*Because pleasure finds its way in the most simple things of life*".

Forcado

Pâtisseries portugaises / *Portuguese pastries*

196 chaussée de Charleroi
1060 Saint-Gilles
+32 2 539 00 19
forcado.be

Pastel de nata : 2,20€

FR D'abord ouvert comme un restaurant traditionnel portugais, le petit Forcado aura depuis fait beaucoup de chemin. Installé sur la chaussée de Charleroi depuis 1982, il a été, pendant de longues années, un petit magasin ainsi qu'un atelier de production de pastéis de nata, les fameuses pâtisseries traditionnelles portugaises. Depuis 2014, le Petit Forcado est devenu grand et s'est déplacé quelques maisons plus loin sur la chaussée de Charleroi, se transformant en un véritable salon de dégustation.

Les pastéis de nata s'y dégustent désormais également sur place, pour notre plus grand bonheur. À l'origine, le Petit Forcado était tenu de main de maître par Joachim Braz de Oliveira, le père, qui y préparait chaque matin une cinquantaine de pastéis. Aujourd'hui, c'est également Joachim, mais le fils, qui a lancé le salon de dégustation quelques mètres plus loin. Le petit Forcado est quant à lui devenu l'atelier de production où le père continue de préparer les pâtisseries qui seront ensuite servies au salon. Une jolie évolution pour cette affaire de famille 100% père-fils.

En plus de la pastel de nata traditionnelle, un petit flan aux œufs enrobé de pâte feuilletée croustillante puis saupoudrée de cannelle, les pastéis se déclinent également au fil des saisons. On trouve au Forcado des pastéis au café, au porto, au chocolat ou encore au limoncello. Et pour les intolérants au gluten, les deux Joachim ont prévu le coup et proposent de délicieuses roulades aux amandes ou à l'orange. On aime le twist entre l'esprit plutôt moderne de l'endroit et le savoir-faire artisanal de cet établissement qui vient de célébrer ses 35 ans d'expérience.

EN Initially a traditional portuguese restaurant, Le Petit Forcado has evolved considerably. Located on Chaussée de Waterloo since 1982, for years, it was a tiny pastry shop selling traditional pastéis de nata, the delicious custard tarts that made Belem's reputation. Since 2014, Le Petit Forcado has expanded with Forcado, a brand new tearoom where you can now eat your pastéis on the spot.

Le Petit Forcado was originally ran by Joachim Braz de Oliveira, the father, who used to make about 50 pastéis a day and sell them directly in his workshop. Today, it's still Joachim, but the son this time, who has opened the tearoom a bit further up the street. Le Petit Forcado is now just a kitchen where Joachim senior still bakes the goodies sold in the tearoom. An inspiring evolution for this 100% family-ran business.

In addition to the traditional pastel de nata, the famous custard tart made from flaky pastry and topped with cinnamon powder, the pastéis are also available in seasonal variations. Coffee, porto, chocolate or even limoncello versions are available at Forcado. And for gluten intolerants, Joachim and Joachim offer delicious gluten-free orange and almond rolls.

We love the twist between the modern decor and the traditional know-how of this family-run place which has just celebrated its 35th birthday.

Hinterland

Café et néocantine / *Coffee and healthy food*

179 chaussée de Charleroi
1050 Ixelles
+32 2 537 97 47
facebook.com/hntrlnd.be

Brunch : 4€-9€
Terrasse / Terrace

FR Justement qualifié de refuge urbain par ses fondateurs Olivia et Julien, Hinterland ou « l'arrière pays » est une jolie néocantine située sur la chaussée de Charleroi. L'espace en coin ultra lumineux a été entièrement pensé et réalisé par l'Atelier Dynamo, à qui on doit entre autres la rénovation de Bao Bang Bang et du Prélude. On s'y réfugie avec joie du matin jusqu'à la fin de l'après-midi, pour y savourer un petit-déj', un *all-week* brunch ou encore un plat du jour bio et savoureux préparé par Olivia. Au mois de juin, on y a dégusté une excellente salade de quinoa bio, asperges vertes, amandes, radis et herbes fraîches (8€) légère et rafraîchissante.

On aime tout particulièrement leur sélection de boissons *funky*, comme leur Golden milk – un lait de coco chaud accompagné de curcuma, de poivre noir, de gingembre et de cannelle – ou leur Ice matcha latte disponible avec quatre sortes de lait différents. Le week-end et les jours fériés, il y règne une ambiance joyeuse et chaleureuse, entre les familles et les groupes d'amis qui s'y retrouvent pour déguster un brunch à petit prix. Notre favori : le pain perdu servi avec une compote de poires, des noix de pécan, de la cannelle et du sirop d'érable bio (8€). Une petite tuerie.

EN Perfectly described as an urban refuge by its owners Julien and Olivia, Hinterland is a pretty coffee shop and neo-canteen, on a corner halfway along Chaussée de Charleroi. Blessed with natural light all day long, it was recently renovated by the Atelier Dynamo architects, already well-known for their work at Bao Bang Bang and Prélude. We take refuge here any time, from morning until late afternoon, for breakfast, all-week brunch or a delicious organic daily special prepared by Olivia. Last June, we tried an organic quinoa salad with green asparagus, almonds, radish and fresh herbs (8€), which was tasty and refreshing.

We particularly love their selection of funky drinks, including golden milk – warm coconut milk with turmeric, black pepper and cinnamon – and iced matcha lattes, prepared with four different types of milk. On weekends and bank holidays, the place is jam-packed with friends and families enjoying a joyful and inexpensive brunch. Our favorite option : the French toast served with homemade pear marmalade, pecan nuts, cinnamon and organic maple syrup (8€). Amazing.

Parlor Coffee

Espresso bar

203 chaussée de Charleroi
1060 Saint-Gilles
+32 472 68 60 16
parlorcoffee.eu

Brunch : 13€ - 16€
Cour intérieure / Interior courtyard

FR Situé sur la chaussée de Charleroi, à la limite du quartier Châtelain, le Parlor Coffee s'inscrit dans la vague des nouveaux bars à café réellement porteurs d'une vision. Les propriétaires, un couple belgo-japonais, avaient pour souhait d'introduire du « vrai café » à Bruxelles lorsqu'ils ont ouvert leur bar en 2012. Leur café, torréfié in house, est importé de petits producteurs passionnés, travaillant dans de bonnes conditions et qui n'exportent que le meilleur de leur production. En plus de leur café de qualité, on y déguste une sélection de thés japonais ainsi que d'excellents chai latte, latte au caramel ou encore de très réussis matcha latte, aussi disponibles avec du lait de soja.

Le lieu est plutôt petit et étroit avec une décoration d'inspiration scandinave, cosy et épurée à la fois. Pour être tout à fait au calme, n'hésitez pas à monter à l'étage vous installer dans un de leurs fauteuils. Et si le soleil est là, ne manquez pas leur petite terrasse à l'arrière.

Le week-end, on y retrouvera des amis pour le brunch, pour un bagel sur le pouce ou encore pour une pause café accompagnée d'un cookie ou d'un cake au citron. Et si vous êtes uniquement de passage dans le quartier, n'hésitez pas à vous arrêter quelques secondes pour emporter avec vous un de leurs délicieux cafés.

EN On the edge of the Châtelain neighbourhood, Parlor Coffee is one of those coffee bars with a real vision. The owners, a Belgian-Japanese couple, aimed to introduce "real coffee" to Brussels when they opened in 2012. Their coffee is imported from small independent producers worldwide, who only export the best quality beans which are then home-roasted at Parlor Coffee. They also sell Japanese teas and excellent chai lattes, caramel lattes or delicious matcha lattes, all also available using soy milk.

The place is quite tiny, with Scandinavian inspired decor, both cosy and light. If you really want quiet, take a seat upstairs on one of their comfortable sofas. And if the sun is out, don't miss their little terrace at the back.

At weekends, we come here for brunch, a bagel on the go, or with friends for a long coffee break with homemade pastries. And if you're only passing by, go in and get a delicious coffee to take out.

Bao Bang Bang

Street food taiwanaise / *Taiwanese street food*

155 rue de l'Aqueduc
1050 Ixelles
+32 2 538 85 58
baobangbang.be

Bao : 6,50€ pièce / each
Terrasse / Terrace

FR C'est après avoir parcouru le monde que Fabrice, passionné de street food, décide d'ouvrir un endroit où le bao sera la star du menu. Ici, le petit bun moelleux cuit à la vapeur est rempli de poulet croustillant, de haché de bœuf, de tofu frit ou encore de poisson pané (6,50€ pièce). Mais c'est la version traditionelle taiwanaise qui sera notre coup de cœur : le bao farci à la poitrine de porc croustillante, garni de coriandre, de cacahuètes et de sauce hoisin. Pour le lunch, deux formules disponibles avec le choix entre deux (12,50€) ou trois (16€) bao, accompagnés d'une petite soupe.

Connu sous le nom de « Ho Ka Ti » à Taiwan, et signifiant « cochon mordu par le tigre », la petite bouchée prend l'air féroce du tigre qui viendrait de dévorer un cochon. Une image avec laquelle l'Atelier Dynamo, à l'origine de la conception de l'espace, a su jouer avec beaucoup de plaisir. On retrouve la présence de tigres un peu partout chez Bao Bang Bang, de la carte aux illustrations sur les étagères, en passant par la poignée de porte en laiton qui reste sans conteste notre détail préféré.

Un lunch à clôturer par un thé à base de marmelade de yuzu, une spécialité coréenne et délicieuse découverte gustative. Un pas de plus vers la conquête de la street food asiatique dans le paysage bruxellois.

EN Having travelled the world and developed a passion for street food, Fabrice came home and set up Bao Bang Bang, dedicating a whole restaurant to Taiwanese steamed buns. The baos come filled with a choice of breaded chicken, minced beef, fried fish or delicious fried tofu (6.50€ each), but the ultimate version is the crispy and tender pork with coriander, peanuts and hoisin sauce. There are two lunch menus, with either two (12.50€) or three baos (16€), served with a delicious little soup.

Known as "Ho Ka Ti" in Taiwan, they were literally named "the tiger bites the pig" because of their fierce expression, reminiscent of a tiger which has just devoured a whole pig. A visual image that L'Atelier Dynamo, the designers behind the project, obviously had a lot of fun with. There are tigers everywhere in the restaurant, from the logo to the illustrations on the shelves, but our favorite is definitely the beautiful carved front door handle.

Finish lunch with traditional Korean tea made with Yuzu marmalade, as comforting as it gets. Another step forward for Asian street food in Brussels.

Ici

Néocantine bio / *Organic new-age canteen*

35 rue Darwin
1050 Ixelles
+32 2 343 88 57

Plats / Main courses : 15€ - 24€
Terrasse / Terrace

FR Ouverte en 2012 par Saskia et Marine, Ici est une néocantine bio et une épicerie fine pleine de style. À deux pas de la place Brugmann, dans la déjà bien remplie rue Darwin, les deux filles ont posé leurs valises dans cette petite pièce en coin qui bénéficie de lumière naturelle tout au long de la journée. Ici on aime bien manger – entendez par là des produits frais et sains, de saison et bios pour la plupart – mais on aime surtout manger avec du goût. Les classiques : un sashimi de saumon bio enrobé de graines de sésame et sauce au wasabi (18€) et un bœuf cru mariné servi en sashimi (19€). C'est gourmand et frais et on en redemande.

Pas question de s'ennuyer non plus, vu qu'à la carte, les « superbowls » changent tous les jours. On adore le quinoa à l'aneth, asperges vertes, petits pois frais, jeunes carottes rôties et sa crème au wasabi et à la menthe (15€). Un plat *all-green* qui ne nous a définitivement pas laissées indifférentes.

Autour de nous, une déco réalisée *in house* par Saskia et Marine, qui mettent autant d'attention dans leur intérieur que dans leurs assiettes. Sur le grand mur peint en noir, le menu du jour est écrit à la craie, et dans la pièce, des chaises d'école en bois dépareillées se mélangent avec des coussins colorés, des ampoules à filaments et un grand comptoir en bois brut. C'est féminin, cosy et chaleureux. L'après-midi, on se délecte de leurs pâtisseries maison à base de farine bio réalisées par une de leurs amies ayant vécu aux États-Unis. Pour nous ce sera un gâteau aux épices et potimarron, recouvert d'un excellent glaçage à la cannelle. Le tout accompagné d'un jus vert à l'ananas, concombre, pomme, épinard, menthe, gingembre et persil (5€).

EN Opened by Saskia and Marine in 2012, Ici is a stylish, healthy lunch joint. Right next to Place Brugmann, in the already very exciting Rue Darwin, their canteen is on a corner which gets natural light all day long. Although the philosophy here is eating well – meaning that they use fresh, healthy products, always seasonal and mostly organic – it's mostly about offering tasty dishes. The house specials speak for themselves: sesame-coated salmon sashimi, crunchy vegetables and wasabi sauce (18€) and raw marinated beef served as sashimi (19€). Both are hearty and and got us asking for more.

Getting bored at Ici is not an option, as their "superbowls" change every day. We loved the quinoa with dill, green asparagus, fresh peas, roasted baby carrots, spring onions with wasabi and mint cream (15€). An all-green dish that definitely didn't fail to impress.

The pretty decor was created by Saskia and Marine, who undoubtedly put as much thought into their interior as into their dishes. On the big black wall, the menu is handwritten in chalk and in the dining room, old wooden school chairs mix with colorful cushions, vintage light bulbs and a big wooden counter by the open kitchen. It's feminine, warm and cosy. In the afternoon, we enjoy their delicious pastries, made by a friend of theirs just back from the US. The spice and pumpkin cake covered in rich cinnamon frosting is particularly fabulous. Our advice: order a green juice along with pineapple, cucumber, spinach, mint and ginger (5€). You won't be disappointed.

King Kong

Cuisine péruvienne / *Peruvian cuisine*

227 chaussée de Charleroi
1060 Saint-Gilles
+32 2 537 01 96
kingkong.me

Plats / Main courses : 12 € - 23 €
Terrasse / Terrace

FR C'est une véritable cuisine traditionnelle péruvienne que l'on peut goûter chez King Kong. Avec son associé architecte Diego Carrion, l'ancien chef du Café des Spores, Pierre Lefèvre, partage sa passion pour la cuisine péruvienne dans son petit restaurant de la chaussée de Charleroi. À la carte, poulet rôti et ceviche se disputent la vedette comme spécialité de la maison. Le poulet, rôti à la braise dans un grand four artisanal, est d'abord mariné avec les mêmes épices que l'on trouve dans les rues de Lima, où les poulets se vendent chaque jour par milliers aux passants affamés. Côté ceviche, pas de fioritures mais le classique condiment de *leche de tigre*, une marinade à base de citron vert, coriandre, piment limo, patates douces et maïs chulpe, qui accompagne du bar ou du poulpe. Ceux-ci sont servis au poids, pour les petites, grandes ou moyennes faims (de 12 à 23€).

Mais le plat qui nous emmène le plus profondément dans les racines de l'héritage culinaire péruvien, c'est la Causa, une spécialité d'origine précolombienne à base de pommes de terre, de piment amarillo et de citron vert, servie avec du poulet et de l'avocat (13,50€). Le tout avec une Chicha Morada, une boisson épicée et rafraîchissante, à base de maïs violet (3,50€).

Dans la salle, le dépaysement continue. Des tables, au sol, jusqu'aux murs, tout est recouvert de lattes de bois et de miroirs. À travers la pièce, des plantes tombantes à ne plus savoir où donner de la tête, et dans son prolongement, une petite terrasse aux airs de caverne, accueillant de longues tables en bois pour venir s'installer à l'extérieur le midi. King Kong est bel et bien un petit écrin de jungle, perdu en plein milieu urbain, dont la cuisine nous fait voyager jusqu'en Amérique Latine.

EN Go to King Kong for authentic traditional Peruvian cuisine. Pierre Lefèvre shares his passion for Peruvian cooking with his partner Diego Carrion, former chef of the Café des Spores, in their small restaurant on Chaussée de Charleroi. On the menu, roast chicken and ceviche compete for the top spot of the house specialty. The chicken, roasted in a traditional wood charcoal oven, is marinated with the same spices that are used in the streets of Lima, where thousands of chickens are sold daily to hungry passers-by. The ceviche is kept simple: sea bass or octopus marinated in the classic *leche de tigre*, a combination of lime, cilantro, limo chilies, sweet potatoes and chulpe corn. They are served in three different sized portions (from 12€ to 23€), depending on your appetite.

But the dish that transports us into the heart of Peru's culinary heritage is the Causa, a pre-Columbian specialty made with mashed potato, Amarillo chilies and lime, served with chicken and avocado (13.50€). We recommend that you try a glass of Chicha Morada with your meal, a spicy and refreshing drink made in house with purple corn (3.50€).

Inside the restaurant, the journey continues. From the tables to the floor and the walls, everything is covered with wooden strips and mirrors. All across the room, plants hang from the ceiling, wild and beautiful, and at the back, there is a little cave-like terrace for lunch.

With its Peruvian cuisine and Jungle Book interior, King Kong is a true hidden gateway to Latin America.

Knees to Chin

Rouleaux de printemps / *Rice paper rolls*

125 rue de Livourne
1000 Bruxelles
+32 2 644 18 11
facebook.com/kneestochin

Formules lunch / Lunch menus : 9,20€ - 12,20€
Terrasse / Terrace

FR   À Hanoï, les habitants ont l'habitude de déguster des spring rolls frais et réalisés minute un peu partout, dans les marchés comme dans la rue. Roxane, la fondatrice de Knees to Chin nous raconte qu'après un voyage au Vietnam, le nom lui est venu comme un petit clin d'œil à la manière dont ils se tiennent pour les manger.

Ouverte depuis déjà 2014, l'adresse a directement fait parler d'elle. On peut difficilement manquer la jolie façade en carrelage vert émeraude et son enseigne lumineuse en néons rouges. À l'intérieur, les jolis détails continuent: un grand comptoir en carrelage rose pâle se tient devant un mur bleu profond et des lampes en verre et en laiton sont suspendues partout dans la salle.

Quant à la carte, le concept est simple et a tout pour plaire: quelques choix de *rice paper rolls* aux recettes inspirées, à déguster sur place ou à emporter. La formule parfaite pour un lunch sur le pouce, original et ultra-sain. Cinq ou six variétés sont proposées sur le tableau noir, pas plus, de quoi assurer une fraîcheur maximale des ingrédients. On goûte le roll aux scampis, betterave crue, avocat et menthe fraîche avec sa sauce citronnelle et le roll au canard laqué, rhubarbe, graines de tournesol et chou blanc servi avec une sauce au soja et à l'huile de sésame. Mais notre coup de cœur est celui à l'omelette, avocat et oignons caramélisés au vinaigre balsamique servi avec sa sauce au *sweet chilli*. Attention par contre à ne pas en commander trop, les rolls sont plus grands que ceux que nous connaissons bien et sont généreusement garnis. On vous recommande pour commencer la formule deux rolls + un accompagnement (9,20€), le compromis parfait.

EN   In the city of Hanoi, people eat freshly made spring rolls in the busy food markets and the streets. Roxane, the owner of Knees to Chin, says she came up with the name after a trip to Vietnam where she was inspired by the position in which the Vietnamese sit on the kerb to eat street food.

Opened in 2014, Knees to Chin was an immediate hit. Walking up Rue du Bailli, you can't miss the pretty facade with its emerald green tiles and bright red neon lights. Inside, the interior is just as pretty: a faded, pink-tiled counter stands in front of a deep blue wall, and numerous glass and brass lamps hang from the ceiling of the small seating area.

The food concept is straightforward: a small selection of rice paper rolls made with creative recipes, to eat in or take out. The perfect option for a super healthy, original lunch on the go. Only five or six different rolls are available at any one time to ensure freshness of all the ingredients. We tried the shrimp, raw beetroot, avocado and fresh mint roll with a lemongrass sauce and the lacquered duck, rhubarb, sunflower seed and white cabbage roll with a soy and sesame oil sauce. But our favorite is definitely the veggie omelette roll with avocado and caramelised onions, served with a sweet chilli sauce. Although everything is simply delicious, don't order too many rolls as they are much bigger than the usual ones. On a first visit, we recommend that you try the lunch combo with two rolls and a side (9.20€) – the perfect compromise, according to us.

Orientalia

Comptoir libanais / *Lebanese take-out*

277 chaussée de Charleroi
1060 Saint-Gilles
+32 2 520 75 75
facebook.com/orientaliarestaurant

Pitta : 5€
Assiettes / Plates : 8€ - 16€
Jardin / Garden

FR   Il faudra connaître l'adresse avant de s'aventurer chez Orientalia. De l'extérieur, la vitrine ne laisse apercevoir que le grand comptoir recouvert de préparations orientales, destiné à première vue plutôt à un usage take-away. Mais prenez le temps de pousser la porte, et vous découvrirez un superbe jardin rempli de tables en céramique colorées, parfait pour un lunch sur le pouce lors des chaudes journées d'été. Mais Orientalia, c'est avant tout une délicieuse cuisine du Liban et du reste du Moyen-Orient, préparée en famille, avec un super rapport qualité-prix. Pour une pause rapide ou un «sandwich» à emporter, la pitta falafel accompagnée de tahine et de quantité d'herbes fraîches (5€) est un véritable incontournable. Installées au jardin, on prend le temps de déguster une assiette choisie au comptoir (8€ pour 4 préparations). Moutabal, houmous maison, salade de chou-fleur, aubergines fondantes à la tomate, haché d'agneau, kebbeh, véritable taboulé libanais... Tout nous fait de l'œil. Les aubergines sont ultra-fondantes, le moutabal légèrement fumé et le taboulé frais à souhait.

On termine par un délicieux Halawet el Jeben (2€), une petite roulade farcie de crème de lait arrosée de sirop de sucre à la fleur d'oranger et de pistaches émiettées, un dessert d'origine syrienne préparé à la perfection.

EN   You probably need to be in the know about Orientalia before you are tempted to step inside for the very first time. Through the window, all you can see is a big counter filled with Mediterranean dishes, looking more like a take-out then a proper restaurant. But step through the door and you will discover a beautiful hidden garden filled with colorful ceramic tables, perfect for a quick lunch on a warm Summer day. Orientalia is excellent for Lebanese and Middle-Eastern food, prepared by a family for very affordable prices. If you just need a quick break or a sandwich to take out, the falafel pitta with tahini and tons of fresh herbs (5€) is definitely a must. Not being in a hurry, we tried a mixed plate from the counter (8€ for four different dishes), and sat at one of the blue tables outside. Homemade moutabal and hummus, cauliflower salad, fried eggplants in tomato sauce, minced lamb meat, kebbeh or real Lebanese tabbouleh... Everything looked delicious. The eggplants we had were extremely soft, the moutabal had that slight smoky taste we love and the tabbouleh was fresh as it can be.

We finished with a perfectly prepared Halawet el Jeben (2€): a small roll filled with milk cream and topped with sugar syrup, orange blossom and crushed pistachios, a Syrian specialty.

Umamido

Bar à ramen / *Ramen noodle shop*

14 rue du Bailli
1000 Bruxelles
+32 2 644 14 99
umamido.be

Ramen : 14€
Terrasse / Terrace

FR Après des études de restauration à Lausanne, Guy Quirynen part s'installer à Kyoto pendant six mois. Dès son arrivée, il tombe nez à nez avec un minuscule bar à ramen, à moitié caché par une longue file de clients entassés devant la porte, prêts à engloutir leur bol de nouilles et à repartir aussitôt. Ce sera sa première expérience avec les ramen et là qu'il en tombera véritablement amoureux.

De retour à Bruxelles, il ouvre un lieu à l'image de son souvenir tout en y ajoutant quelques touches locales. C'est en 2013 que le premier Umamido voit le jour sur la chaussée de Vleurgat, à quelques mètres à peine de la place Flagey. Dès son ouverture, Guy mélange intelligemment les codes de la culture fast-food japonaise avec des produits plutôt slow et bien de chez nous. Il fait importer les nouilles du Japon, tandis que c'est avec des ingrédients locaux qu'il confectionne son bouillon, dont du porc venant directement de Malmedy. Le bouillon de Guy mijote sur le feu plus de dix heures, afin de libérer un maximum de saveurs.

Ici, c'est la qualité qui prédomine. La carte est courte et centrée autour de cinq types de bouillons : shoyu, miso, kara miso (avec du piment) et le fameux tonkotsu : un bouillon riche et épais à base de porc, mijoté pendant plus de 12 heures (14€).

Une autre spécialité de la maison, le kimchi pork bun : un petit bao cuit à la vapeur, garni de poitrine de cochon confite et de chou fermenté piquant (8€). Une petite bombe.

EN Having studied hospitality management in Lausanne, Guy Quirynen moved to Kyoto for a 6-month internship. Almost as soon as he arrived, he discovered a tiny ramen shop, hidden behind a line of hungry customers, ready to devour their noodle soups before continuing their day. It was his first encounter with ramen and he immediately fell in love.

Back in Brussels, he was determined to replicate what he had encountered in Japan, only with a few extra local touches. In 2013, the first Umamido opened at Number 1, Chaussée de Vleurgat, a few metres away from Place Flagey: a clever interpretation of Japanese fast-food with a rather slow approach. The wheat noodles are imported directly from Japan, but the ingredients for the broth are locally sourced. The pork for instance, comes straight from Malmedy. Although in Kyoto the noodles are swallowed in just a few seconds, Guy's broth sits on the stove for over 10 hours, in order to develop the flavor of every single ingredient.

Quality is what matters at Umamido, which is why the menu is short. Five different broths are available: shoyu, the classic soy-based broth, miso and kara miso, both with miso paste and quite spicy for the kara, and the famous tonkotsu: a thick, hearty pork-based broth full of flavors which is simmered for over 12 hours (14€).

Another house specialty is the kimchi pork bun, a little steamed bao filled with roasted pig belly and spicy fermented cabbage (8€). Simply terrific.

---

*Aussi / Also

1 chaussée de Vleurgat
1050 Ixelles
+32 2 640 40 57

1 place Sainte-Catherine
1000 Bruxelles
+32 2 511 62 21

Amen

Fine cuisine méditérranéenne / *Fine Mediterranean cuisine*

165 rue Franz Merjay
1050 Ixelles
+32 2 217 10 19
amen.restaurant

Plats / Main courses : 24€ - 37€
Lunch : 26€
Terrasse / Terrace

FR C'est début août 2016 que le chef doublement étoilé du Chalet de la Forêt ouvre Amen, un second restaurant situé à quelques mètres à peine de la place Brugmann. Installé en lieu et place de l'ancien bistrot Gaspar, Pascal Devalkeneer et sa compagne Pili Collado nous livrent un endroit à la décoration sobre et puriste, terriblement élégant. Inspirés par le mouvement des « Shakers », une communauté protestante du début du XVIIIᵉ siècle, ils créent un espace minimaliste aux luminaires blancs et au mobilier en bois clair. Le bar, taillé en une pièce dans un énorme bloc de travertin, traverse la pièce de part en part, habillant l'espace à lui seul. Tandis que le soir, des nappes en lin blanches et des bougies apparaissent pour une ambiance plus intimiste.

La cuisine, à la fois classique avec des connotations méditerranéennes, y est parfaitement exécutée. À la carte, encornet grillé au feu de bois et citron confit (24,50€), bouillabaisse de poissons de roche (37,50€) ou encore *vitello tonnato* façon Amen (17,50€). Les cuissons sont justes, et les associations pleines de saveurs. L'eau est filtrée par leurs soins, et servie au forfait par personne dans de surprenantes carafes en forme de hiboux et de taureaux.

Si les prix des plats à la carte sont plutôt élevés, la formule du midi en deux plats vaut clairement le détour. Risotto de pommes de terre et coques en entrée, volaille de Lustin accompagnée de betteraves et de courges en plat, le tout dans une jolie formule à 26€.

C'est donc un endroit idéal pour un lunch hors du commun, pour déguster une cuisine à la fois fine et réconfortante, dans un cadre absolument magnifique.

EN In early August 2016, the twice Michelin-starred chef from Le Chalet de la Forêt opened Amen, a second restaurant, a few steps off Place Brugmann. In the venue that used to be Gaspar Bistrot, Pascal Devalkeneer and his partner Pili Collado have created an impressive restaurant, the decor both sober and extremely elegant.
The design was inspired by the "Shakers", an 18th century Protestant community. The result is huge white lamps hanging from the ceiling and incredibly simple wooden furniture. The bar, carved into a massive block of travertine stone, crosses the room from side to side giving it its charisma alone. In the evenings, white tablecloths and candles cover the tables for a more intimate and cosy atmosphere.

The Mediterranean cuisine is classic and refined, including wood-oven grilled squid with candied lemon (24.50€), rock fish Bouillabaisse (37.50€) or the Amen "Vitello Tonnato" (17.50€). The fish is perfectly cooked, full of flavors, every detail well thought out and perfectly mastered. The water is home-filtered and served in stunning owl and bull-shaped ceramic jugs.

Although the prices are rather high, the lunch menu is worth the trip. We tried potato risotto with clams, followed by Lustin poultry with roast beetroots and squash, for 26€.

A restaurant definitely worth a visit for a remarkable lunch in an extraordinary setting.

Dam Sum

Dim Sum maison / *Homemade Dim Sum*

11 parvis de la Trinité
1050 Ixelles
+32 2 538 08 10
damsum.com

Dim sum : 4,80€ - 8,80€
Terrasse / Terrace

FR Comment la scène food bruxelloise a pu se passer aussi longtemps de dim sum, cela reste un mystère. Toujours est-il que Dam Sum a finalement ouvert ses portes sur la place de la Trinité en septembre 2015, et n'a pas désempli depuis. Une grande salle ultra colorée, une cuisine ouverte, des fresques murales aux allures de *street art* et derrière ce premier restaurant, l'ambition de créer une longue lignée d'enseignes de *street food* venues d'Asie.

Autour de l'îlot faisant office de cuisine ouverte s'affairent les cuistots, rapides et extrêmement agiles de leurs dix doigts. Ici, les dim sum sont préparés tous les jours, devant vos yeux. À la carte, en plus des traditionnelles nouilles sautées ou soupes wontan, on trouve une dizaine de dim sum différents, cuits vapeur, frits, ou poêlés et ensuite présentés dans de petits paniers en bambou. Leur spécialité est sans aucun doute les Xiao Long Bao, des raviolis vapeur extrêmement délicats, remplis de farce et de bouillon. Originaires de Shanghai, ces petites bouchées se mangent posées sur une cuillère afin d'y faire un trou pour en aspirer d'abord le bouillon, avant de n'en faire qu'une bouchée. Elles sont déclinées au porc (5,80€) pour la plus traditionnelle d'entre elles, mais aussi au bœuf wagyu, au porc à la truffe ou encore au porc et au tourteau frais.

Pas loin derrière, les barbecue pork bun (5,20€), aussi connus sous le nom de Char Siu Bao. D'énormes buns moelleux servis par deux, remplis d'une farce au porc sucré-salée gourmande à souhait. Et le dernier ajout à la carte : les Chao Sou (6,20€), des dim sum vapeur au bœuf à la pâte extrêmement fine, originaires de Chengdu, servis dans une sauce légèrement vinaigrée.

EN How Brussels survived without dim sum for so long is beyond us. Thankfully, Dam Sum opened its doors on Place de la Trinité in September 2015 and has never been empty since then. A big colorful room, an open kitchen, street art looking wall paintings and with this first opening, the will to launch a long line of Asian street food dedicated venues.

Around the kitchen island, agile cooks are busy filling and folding dough into beautiful dumplings right before your eyes. Besides the traditional fried noodles and wonton soup, the menu includes a dozen types of dim sum, steamed, pan fried or deep fried – all served in small bamboo baskets. Their specialty is without a doubt the Xiao Long Bao, an extremely delicate steamed dumpling stuffed with meat and soup. Originally from Shanghai, this delicacy should be eaten with a spoon : first you bite a hole into it and drink the soup out of it before popping the remaining dumpling into your mouth whole. They come in various types, from the most traditional pork ones (5.80€) to Wagyu beef and pork and fresh crab versions. Not far behind are the barbecue pork buns (5.20€), also known under their Chinese name Char Siu Bao. Two big fluffy buns, stuffed with delicious and juicy sweet and sour barbecued pork. And the latest but not least addition to their menu : the Chao Sou (6.20€), a remarkably thin steamed beef dim sum served in a vinegar sauce.

Garage à Manger

Menu du marché / *Seasonal tasting menu*

185 rue Washington
1050 Ixelles
+32 2 880 67 74
facebook.com/garageamanger

Lunch 3 services / 3 - course lunch : 21€
Brunch : 25€
Terrasse / Terrace

FR Avant de s'établir au garage, la cuisine de Joël Geismar était avant tout servie depuis le El Camion, le fameux *food truck* que l'on retrouve encore tous les lundis au marché de la place Van Meenen. Depuis 2013, l'ancien garage attenant à la boutique Pêle-Mêle abrite désormais le camion lorsque celui-ci n'est pas de sortie. Mais pas que. C'est désormais un gigantesque resto qui s'est établi dans l'ancien garage ou comme le dit lui-même Joël, un « resto fixe », en clin d'œil à son camion quant à lui plutôt mobile.

Le lieu, également accessible depuis la librairie, a été entièrement aménagé par Prototype. Un pari pas forcément évident vu sa taille mais étonnamment bien réussi et dont la place à disposition aura permis l'aménagement d'un espace dédié aux enfants. Un rêve pour les parents les jours de brunch où tout ce beau monde se retrouve autour de la cuisine ouverte pour se servir directement depuis les nombreuses cocottes. En semaine, on prend place aux grandes tables partagées ou aux petites tables de deux, pour déguster un menu trois services (21€), du marché et de saison, privilégiant les légumes et les produits locaux et bio. On a été conquises par les betteraves rôties accompagnées de mozzarella di Buffala, suivies d'une cocotte de poulet au citron à partager, puis d'une fabuleuse brioche perdue avec sa boule de glace vanille.

Le soir, des bougies et un éclairage un peu plus précis confèrent au garage une ambiance plus intime dont on viendra profiter du jeudi au samedi autour d'un menu dégustation trois services (32€), le tout dans une vaisselle chinée joliment dépareillée.

EN Before setting up shop in the garage, Joël Geismar's food used to be prepared in and served from El Camion, the famous food truck which is still in the Place Van Meenen market every Monday night. Since 2013, the truck has been parked in the old garage beside the Pêle-Mêle shop whenever it's not out on a street food journey. But now there is now a huge restaurant in place of the garage.

Le Garage à Manger, which you can also access from the bookshop, has been entirely renovated by Protoype. Quite a challenge given its particular size, but definitely a success, with part of the available space turned into a kid dedicated play space. A dream for parents on brunch days, when everyone gathers around the open kitchen to help themselves from the big red casseroles sitting on the stove. During the week, take a seat at one of the large shared tables or grab one of the smaller tables for two and enjoy a 3 - course seasonal lunch menu (21€) from the market, featuring local vegetables and organic ingredients. We loved the roasted beetroot salad served with mozzarella di Buffala, followed by a shared lemon chicken casserole and fabulous French toast with vanilla ice-cream.

In the evening, the lights are dimmed and candles are lit, turning the garage into a more intimate dining room where you can enjoy a 3 - course dinner menu (32€), from Thursday to Saturday, in a set of beautifully mismatched vintage plates.

Baptiste Lardeux

Vins natures et Gargouillou
Natural wines and Gargouillou

FR Baptiste est l'un des trois fondateurs de Titulus, cave et bar à vins installés depuis 2011 au 167A de la chaussée de Wavre et créés avec deux de ses meilleurs amis, Philippe Mesnier et Vivien Blot. Ces défenseurs du terroir se sont donné pour mission de mettre à l'honneur les vins nature à Bruxelles, Titulus étant en effet également importateur et fournisseur en vins natures d'un grand nombre de restos Bruxellois.

EN Baptiste is one of the three founders of Titulus, a wine bar and cellar located on Chaussée de Wavre, which he launched in 2011 with his two best friends: Philippe Mesnier and Vivien Blot. These three wine lovers aim to spotlight natural wines in Brussels. Titulus is also a wine importer and supplies numerous restaurants in Brussels.

Qui es-tu?

J'ai un passé d'aide-soignant à la base, donc initialement rien à voir avec le vin. En 2006, j'ai fait les vendanges chez Bertrand Jousset à Montlouis et j'ai eu un coup de cœur pour leur façon de travailler. C'est à ce moment-là que j'ai décidé de complètement m'orienter dans cette branche, et dans le vin nature plus précisément. Ensuite, je me suis installé à Bruxelles et j'y ai rencontré ma femme, ce qui, de toute façon, m'a décidé à rester ici. J'ai commencé avec un restaurant, Le Tournant, en 2008, que j'ai revendu trois ans plus tard à Denis. Puis, cette même année, j'ai créé Titulus avec mes deux meilleurs amis, Philippe et Vivien, afin d'importer les vins des vignerons qu'on avait du mal à trouver sur Bruxelles. On s'est dit que si on voulait travailler avec ces gens, il fallait qu'on importe leurs vins nous-mêmes.

Ton adresse préférée à Bruxelles?

Alors, celle où je ne vais pas régulièrement, mais que j'aime vraiment, vraiment beaucoup pour son intégrité et sa qualité, c'est Bonbon, parce que j'ai une relation assez privilégiée avec eux, avec le chef, avec l'équipe. Pour moi c'est la définition de la haute gastronomie comme je l'imagine. Sinon, dans les endroits où j'irais plus régulièrement et facilement, je dirais en toute honnêteté Le Tournant car je trouve que Denis a réussi à faire de ce bistro quelque chose de simple et qui continue de monter en qualité, avec un super travail sur les vins. Oui, je dirais que c'est l'endroit où j'ai envie d'aller le plus souvent.

Ton souvenir culinaire le plus marquant?

Alors, mon souvenir d'enfance le plus marquant et ma madeleine de Proust, c'est le riz au chocolat que me faisait ma grand-mère et que j'ai la chance de continuer à manger parce que ma maman me le fait encore. Ça, c'est vraiment marqué dans mon ADN. Et puis après, plus récemment, je dirais un plat qui s'appelle le gargouillou, un plat de légumes crus avec un bouillon et des herbes sauvages qui était vraiment, vraiment incroyable et qui, je pense, m'a marqué à jamais. C'était chez Michel Bras à Laguiole et comme Philippe le disait, dans ce plat, il y a de la lumière. Tu mets la fourchette dans la bouche et il y a un truc qui se passe.

Who are you?

I used to work in medicine, which isn't at all connected with wine. In 2006, I went grape picking with Bertrand Jousset in Montlouis and I fell in love with their work and their unique wines. That was when I decided to dive into the wine sector and more specifically into natural wines. Then I moved to Brussels, where I met my wife, and leaving was no longer an option. In 2008, I started a restaurant, Le Tournant, with my two best friends Philippe and Vivien. Three years later, we sold it to Denis, the current chef and we opened Titulus the same year and began importing wines we couldn't find in Brussels. We figured that if we wanted to work with these people, we would have to import their wines ourselves.

Your favorite place in Brussels?

I don't go there regularly, but I really truly love Bonbon for their integrity and quality. But I do have a special relationship with them, with the chef and the whole team. To me, it's the definition of high gastronomy as I imagine it. As for places I go to more often, I'd say Le Tournant. I think Denis has managed to keep the bistro quite simple while increasing the quality and doing fantastic work with the wines. Yes, that's the place I go to most regularly.

Your strongest food memory?

My biggest memory trigger is definitely my grandmother's chocolate rice pudding, which I'm luckily still regularly eating, as my mother makes it as well. It's practically part of my DNA. More recently, I'd say a dish called Gargouillou, a raw vegetable dish with wild herb broth. It was truly incredible and has forever marked my memory. It was at Michel Bras' restaurant in Laguiole and as Philippe said, "there was light in that dish". When you put your fork in your mouth, something incredible happens.

Kamo

Restaurant japonais étoilé / *Michelin-starred Japanese restaurant*

550A chaussée de Waterloo
1050 Ixelles
+32 2 648 78 48
restaurant-kamo.be

Lunch : 17€ - 25€
Menu dégustation / Tasting menu : 75€ - 120€

FR Arrivées chez Kamo pour le lunch, on s'assied au comptoir pour mieux apercevoir le chef travailler et on commande un assortiment de sashimi, de sushi et de daurade crue, une spécialité de la maison. En attendant nos plateaux, on sirote un verre d'Umeshu, un vin de prune servi avec des glaçons, en observant chaque détail. On se trouve ici dans un restaurant japonais étoilé, le seul de Belgique.

Pas de nappes blanches ni de couverts en argent ici, mais un personnel simple et souriant, un cadre sans prétention et un chef qui ne travaille qu'avec les meilleurs poissons. Nos plateaux qui arrivent renforcent notre première impression. Aucunes fioritures ici, au premier coup d'œil, on pourrait se trouver dans n'importe quel autre restaurant japonais. Car chez Kamo, c'est en bouche que la magie opère.

On goute à un sashimi de seiche pour la première fois, gras et fondant, tout simplement mémorable. Tout comme le thon des maki qui fond littéralement sur la langue, un vrai bonheur. Mais le meilleur moment arrive avec le bol de sashimi de daurade. Un plat qui se mange en deux étapes, d'abord accompagné d'un peu de riz et de sauce au sésame, puis d'un bouillon à verser soi-même à l'aide d'une petite théière. Un plat qui efface à lui tout seul ce que nous pensions connaître de la cuisine japonaise. On termine par une glace au sésame noir, dont l'intensité ressemble de près à celle du chocolat.

Kamo est sans aucun doute le restaurant japonais avec le meilleur rapport qualité-prix de Bruxelles. À faire sans hésitation pour le lunch et à garder en tête pour une soirée spéciale.

EN We first went to Kamo for lunch. We chose to sit at the counter where we could watch the chef at work while waiting for our lunch menus which included sashimi, sushi and raw sea bream with sesame sauce, one of their specialties. While waiting for our dishes, we sipped on a glass of Umeshu, a Japanese plum wine served with ice-cubes and checked every detail of the place. We were seating in a Japanese Michelin-starred restaurant, the only one of its kind in Belgium.

No white tablecloths or silverware here, but friendly staff, a cosy atmosphere and a chef who only works with top quality fish and sea food. Our first impression was reinforced when our food arrived, looking as if we could have been eating in just any Japanese restaurant. At Kamo's, the magic happens in the mouth. We both tried cuttlefish sashimi for the first time, which just melted in the mouth. A first that we can both still vividly remember. The same went for the superb tuna maki. But the ultimate moment was when we tried the sea bream. You eat the dish in two steps: first with sesame sauce and rice, then with a broth brought to the table in a small clay teapot. This dish immediately erased everything we thought we knew about Japanese cuisine. The desserts shouldn't be left out either. We had the most incredibly intense, soft, black sesame ice-cream, and to be completely honest, we haven't found anything like it since.

Kamo is probably the best value Japanese restaurant in town and their lunch offer is definitely worth the trip. And as for their evening tasting menu, do keep it in mind for special occasions.

La Bottega della Pizza

Pizzeria italienne / *Italian pizzeria*

39 avenue Ducpétiaux
1060 Saint-Gilles
+32 487 78 00 52
bottegadellapizza.be

Pizzas : 9€ - 18€
Terrasse / Terrace

FR Cette minuscule pizzeria italienne est depuis longtemps une institution à Bruxelles. Si l'envie de venir y manger vous vient sur un coup de tête, vous serez probablement contraints d'attendre une table jusque 22h ou de vous y prendre plus tôt la prochaine fois. Car si La Bottega della Pizza est très petite, avec ses 20 couverts à peine, elle se remplit également très vite. Rien d'étonnant vu que les pizzas de Roberto y sont parmi les meilleures de la capitale.

La décoration y est sommaire mais plutôt charmante, avec ses nappes à carreaux, ses quelques fleurs fraîches coupées disposées sur les tables, son carrelage rouge et bleu derrière le comptoir et les lettres « SI » accrochées en grand sur le mur. Quand on interroge Roberto sur la signification de ces lettres, il nous répond que « Si, c'est mieux que non, non ? ». On ne pourrait être plus d'accord.

À la carte, on goûte aux incontournables antipasti de légumes grillés servis avec de la burrata (20€), largement suffisants pour quatre. Avec un spritz, c'est la manière parfaite de commencer la soirée. Plongez-vous alors dans la carte des pizzas en italien pour plus d'authenticité. Mais pas d'inquiétude, si certaines appellations vous semblent un mystère, on vous apportera la carte en français avec le sourire. Parmi les pizzas, on recommande la Bresaola (16€) à la fior di latte, copeaux de parmesan, roquette et huile de truffe. Autre valeur sûre, la Classica (18€), avec de la roquette, du jambon San Daniele 18 mois, de la mozzarella di buffala fumée, du parmesan et du basilic. En été, les tables et bancs en bois sont de sortie sur le trottoir, faisant de La Bottega un des endroits les plus demandés de Saint-Gilles.

EN This tiny Italian pizzeria is an institution in Brussels. If you ever decide to eat there on impulse, you'll probably have to wait until 10pm to get a table. Like we said, La Bottega is tiny but its reputation is huge, which makes booking a table for the same evening quite hard. Not surprising though, as Roberto's pizzas are among the best in the capital.

The decor is simple and charming, with checked tablecloths, fresh flowers, red and blue tiles behind the counter and SI hung in huge letters on the wall. When we asked Roberto about it, he said, "Si is better than no, no?". We couldn't agree more.

Try the amazing antipasti with grilled vegetables and fresh burrata (20€ for two but the portions are easily enough for four). With an Aperol spritz, it makes a perfect start to the night. Then dive into their pizza menu, written in Italian for more authenticity. But don't worry, if your Italian isn't up to pizza toppings, ask for the French or English menu, which the staff will happily bring to your table. We recommend the pizza Bresaola (16€), with *fior di latte*, parmesan, arugula and truffle oil. Another great choice is the Classica (18€), with arugula, 18-month San Daniele ham, smoked mozzarella di buffala, parmesan and fresh basil. In the summer, when they put their wooden tables and benches outside, La Bottega della Pizza becomes one of the most-wanted spots in Saint-Gilles for dinner.

La Cevicheria

Ceviche parisien / *Ceviche from Paris*

578 chaussée de Waterloo
1050 Ixelles
+32 2 203 47 59
facebook.com / lacevicheriaixelles

Ceviche : 14€ - 18€
Terrasse / Terrace

FR Déjà quatre ans que la première enseigne de La Cevicheria a ouvert à Paris, mais quelques mois à peine ont passé depuis son ouverture si attendue à Bruxelles. Lors de cette première semaine, c'est Laura et Fiona, les fondatrices des quatre établissements portant déjà le nom La Cevicheria, qui accueillent les clients avec leur équipe. Sur la carte, pas de surprises, ici on sert du ceviche.

Un restaurant 100% mono-produit donc, inspiré à Laura par un voyage à Tel Aviv puis par d'autres expériences en Espagne, à Londres ou même à Paris. Avec sa sœur Fiona, elles se lancent dans la création de recettes fraîches, relevées et pleines de saveurs, inspirées du typique ceviche péruvien, sans jamais tenter de le reproduire à l'identique. Ici, ce n'est pas une cuisine péruvienne qui est proposée à la carte, mais plutôt le ceviche revisité sous toutes ses formes. Pour les puristes et les amoureux d'Amérique Latine, le classique ceviche de daurade assaisonné de *leche de tigre* (jus de citron vert, oignons rouges, piment, coriandre, gingembre) et accompagné de cubes de patates douces, maïs soufflé et fruits de mer en tempura (18€) mettra tout le monde d'accord. Pour l'accompagner, la purée de patate douce et cheddar (7€) est parfaite pour adoucir le palais après cette explosion d'acidité. Et si vous avez envie de voyager, vous pourrez piocher dans le reste de la carte parmi les ceviches de poulpe, de bar, de saumon, de thon, accompagnés de yuzu, de mangue, de lait de coco ou encore d'olives Kalamata.

On goûte également le délicieux ceviche de poulpe de la formule lunch (16€), beaucoup plus avantageuse, composée du ceviche du jour, d'un accompagnement et d'un dessert que l'on ira prendre en terrasse pour profiter du soleil.

EN The very first Cevicheria opened four years ago in Paris, but their latest restaurant opened just before the summer in Brussels. During the first week, founders Laura and Fiona were there to greet diners in person. As for the menu, it's a no-brainer : everyone's here for ceviche.

La Cevicheria was inspired by Laura's trips to Tel Aviv, Spain and London. With her sister Fiona, she created a menu of fresh, spicy recipes based on the typical Peruvian dish. Although they would not label their own cuisine Peruvian, they made it their specialty to reinterpret this classic Peruvian dish. If you're a lover of all things Latin American, you can't go wrong with their classic sea bream ceviche with *leche de tigre* (lime juice, red onions, chilies, cilantro, ginger), served with sweet potato cubes and seafood tempura (18€).
The sweet potato mashed with melted cheddar is the perfect side, off-setting the acidity of the lime juice. Otherwise, you could dive into their selection of octopus, salmon, tuna or sea bass ceviche prepared with yuzu, mango, coconut milk or even Kalamata olives.

We also tried the delicious octopus ceviche from their lunch menu (16€), which also included a side dish and a dessert, that we enjoyed on their sunny terrace.

Maru

Fine cuisine coréenne / *Fine Korean food*

510 chaussée de Waterloo
1050 Ixelles
+32 2 346 11 11
facebook.com/marubrussels

Plats / Main courses : 20€ - 23€

FR Dessiné et conçu par les Lhoas, ce restaurant situé sur la chaussée de Waterloo est une ode à la fine gastronomie coréenne. Kyky, la patronne, remplit la salle de son charisme à elle toute seule. La cuisine et l'endroit font le reste.

On y trouve les fameux bibimbaps, cette spécialité à base de riz, de légumes, d'un œuf cru et de tartare de bœuf, servie dans un bol de pierre encore brûlant, qui rendra le riz légèrement croustillant. Le soir, les barbecues se dressent sur toutes les tables, dessinées sur mesure à cet effet, et remplissent le restaurant de joyeux « psschht! », de « oooh! » et de « aaah ».

Ne vous étonnez pas de voir alors Kyky retourner nonchalamment vos morceaux de viande avec ses baguettes, tout en continuant sa conversation avec la table voisine. C'est qu'il y a une manière de faire avec la cuisine coréenne. Laissez votre bibimbap seul quelques minutes de trop et le riz risquera d'avoir brulé. Il en va de même pour les délicieux morceaux de bœuf qui frétillent devant vous, qu'il ne faudrait surtout pas gâcher par manque d'attention.

Le Yukhwe (17€), un tartare de bœuf accompagné de lamelles de poire crue, fond tout simplement en bouche. Tout comme le Jabchae (15€), un délicieux plat de nouilles à base de patates douces. On ne pourra pas non plus faire l'impasse sur le Yukhwe Bibimbap (22€), qu'on dégustera piquant, ou pas du tout. À midi, on y sert également un lunch du jour en deux services (18€) en plus de la carte.

Laissez-vous accompagner par l'équipe qui connait sa carte et sa cuisine sur le bout des doigts et qui n'a qu'une seule envie: vous faire plaisir.

EN Designed by Lhoas&Lhoas architects, this restaurant located on Chaussée de Waterloo is dedicated to fine Korean food. Kyky, the owner, is as charismatic as her restaurant and the menu.

Try the famous "bibimbap", a Korean specialty with rice, vegetables, egg yolk and raw beef served in a steaming hot stone pot, making the rice slightly crispy as you eat. In the evenings, the room is filled with individual barbecues making sizzling sounds, and astonished customers. Don't be surprised if Kyky casually comes over to your table and turns pieces of meat over with her chopsticks while continuing a conversation with the next table. There is a special way of cooking Korean food and a slight lack of attention could ruin everything. Leave your bibimbap alone too long and the rice could burn around the edges. The same goes for the meat on the barbecue, which could be overcooked in just a few seconds.

The Yukhwe (17€), a beef tartare with raw pear strips, is a must-order on the menu. Each bite simply melts in the mouth. The same goes for the Jabchae (15€), a sweet potato noodle dish which is a real discovery. Both these starters are very generous and would be perfect to order as small mains. And don't overlook the Yukhwe Bibimbap (22€), which we would advise you to order spicy or not at all. For lunch, they also have a 2-course menu, available for 18€.

If you're not familiar with this type of cuisine, let the team guide you. They know their dishes inside out and have only one interest at heart: making sure your meal is one to remember.

MiTo

Pizza & cocktails

151-153 rue Washington
1050 Ixelles
+32 2 201 75 44
milanotorino.be

Pizzas : 10€ - 18€
Aperitivo : 10€
Terrasse / Terrace

FR Italien d'origine et surtout grand amoureux de la cuisine italienne, Guy aura porté le projet MiTo jusqu'à son ouverture. Après avoir ouvert avec ses deux associés Le Clan des Belges, c'est sur le rond point de la rue Washington qu'ils poseront les chaises bleues de leur nouvelle terrasse.

La couleur est annoncée dès la porte d'entrée : ici on viendra déguster des cocktails et des pizzas, et pas n'importe lesquelles. Lors de ses voyages en Italie, Guy passe son temps à la recherche des meilleurs produits ; toujours naturels, bios, ou DOP (Di Origine Protetta). Si les associations sont goûteuses et généreuses – on notera au passage la pizza Straciatella, pistaches et tomates jaunes Luciarello du Vésuve (15€) ainsi que la pizza au saucisson piquant N'duja importé directement de Calabre (16€) – les cuisiniers y sont pour beaucoup. Recrutés directement dans les meilleures pizzerias de Milan, ils mettent tout leur savoir-faire dans cette nouvelle pizza dite « gourmet », née dans le Nord de l'Italie et réunissant les meilleurs produits du Sud.

Reposée pendant plus de 48h et préparée à base de farine Pietra, la pâte est plus légère, plus digeste mais surtout, c'est un vrai régal pour les papilles. Recouverte de fior di latte, de provola fumée ou encore de gorgonzola, on fond littéralement devant ces pizzas qu'on dégustera un cocktail à la main en profitant du soleil de la terrasse.

Et le soir, quand sonne l'heure de l'*aperitivo* (de 17h à 19h), on se retrouve pour déguster une petite assiette et un cocktail MiTo, grand classique dont la recette à base de Campari et de Vermouth remonte à 1861.

EN Being partly Italian himself and a huge lover of Italian cuisine, Guy oversaw the MiTo project right through to the opening. Having already launched Le Clan des Belges together with his two partners, it's on Rue Washington's roundabout that the team decided to open this third spot in Brussels.

As soon as you approach the window you'll know what you're in for : cocktails and pizza. But not just any pizza. During his trips to Italy, Guy spent his time looking for the best produce : always natural, organic or DOP ("Di Origine Protetta"). The chefs here really know their stuff and the topping combinations are generous and tasty. We particularly loved the straciatella, pistachio and Vesuves yellow tomato pizza (15€) and the spicy N'duja sausage pizza (16€). Hired from the best pizzerias in Milan, they are experts at making "gourmet" pizza, an idea from the north combining the best ingredients from the south with the traditional pizza dough recipe from Naples.

Made from Pietra flour and left to stand for over 48 hours, the dough is lighter and easier to digest – a real delight. Covered in *fior di latte*, smoked provola or gorgonzola cheese, we happily wait for our pizzas while sipping a cocktail outside, enjoying the sun on their huge blue terrace.

At night, when it's time for an *aperitivo* (from 5 to 7pm), be sure to meet your friends for a small Italian plate along with a MiTo cocktail, a classic made with Campari and red Vermouth, dating from the 1860s.

Moni

Cuisine des Pouilles / *Recipes from Puglia*

35 avenue Ducpétiaux
1060 Saint-Gilles
+32 2 430 25 08
facebook.com / moni1060

Plats / Main courses : 15€ - 19€

FR Moni signifie « maintenant » en italien. Sandra, la propriétaire des lieux, nous explique que c'est dans cet état d'esprit qu'elle a imaginé le restaurant avec son compagnon. Un lieu où l'on se sent bien ici et maintenant, comme à la maison. En cuisine, c'est son compagnon Francesco qui œuvre. Originaire des Pouilles et installé en Belgique depuis plus de 13 ans, il aura d'abord fait le tour des plus grandes cuisines italiennes avec notamment un passage par celle de Gualtiero Marchesi, connu pour avoir rendu ses trois étoiles en 2008.

On prépare ici une cuisine du terroir typique de la région des Pouilles, centrée autour des produits de saison et travaillée avec beaucoup de justesse. En entrée, la soupe de potiron avec de la mozzarella fumée (15€) prend tout son caractère grâce à de la poutargue (des œufs de mulet séchés et salés) parsemée sur le dessus. En plat, on vient ici pour le poulpe entier, un incontournable de la maison. Après avoir mijoté pendant des heures dans une sauce tomate, il est servi accompagné de blé concassé et de chicorée poêlée. Un délice qui, à lui seul vaut le déplacement. Si les plats valent le détour, on ne pourrait partir en faisant l'impasse sur les desserts. La poire pochée au Primitivo, un vin rouge typique des Pouilles, servie avec sa glace au caramel salé est immanquable. Tout comme le soufflé au gingembre glacé d'ailleurs, servi avec un coulis de chocolat noir au poivre de Jamaïque.

Moni est une petite pépite qu'on s'empresse de partager et où l'on file sans hésiter en sachant qu'on sera reçu chaleureusement par Sandra et que la cuisine de Francesco fera le reste. Réservations vivement conseillées.

EN Moni means "now" in Italian. Sandra, the owner, says that's what they had in mind when she and her partner opened the restaurant. They wanted a place where anyone would feel at home, right here, right now. Her partner Francesco runs the kitchen, having worked in some of Italy's most famous restaurants, including Gualtiero Marchesi's, famous for giving his three Michelin stars back in 2008.

The cuisine comes straight from the southern region of Puglia, focusing on seasonal produce with a twist to create perfectly balanced flavor combinations. For starters, the pumpkin soup with smoked mozzarella cheese (15€) is topped with bottarga (dried and salted fish roe), giving it a delicious and inspired tang. For the main courses, whole octopus is the signature dish. Having been simmered in tomato sauce for hours, it is served with crushed wheat and chicory and worth the trip alone.

But no one should possibly miss out on the desserts. The poached pear with Primitivo, a traditional wine from Puglia, served with its salted caramel ice-cream is a must. So is the frozen ginger soufflé served with dark chocolate sauce and Jamaican pepper. Moni is a real gem that you will love to share and love to visit, knowing you'll always be warmly welcomed by Sandra and perfectly cared for by Francesco. Reservations highly recommended.

Notos

Fine cuisine grecque / *Fine Greek food*

154 rue de Livourne
1000 Bruxelles
+32 2 513 29 59
notos.be

Menu découverte / Tasting menu : 27€ - 30€
Lunch 3 services / 3 - course lunch : 29€

FR Ouvert depuis 1995 et installé depuis 2000 entre l'avenue Louise et le quartier du Châtelain, le Notos propose une cuisine grecque simple, raffinée et sans artifices. Le propriétaire et chef, Constantin Erinkoglou, raconte à travers sa cuisine son amour pour les bons produits, ses rencontres avec les paysans qui les cueillent, les cultivent, les pêchent, et son envie de mettre en avant l'héritage culinaire d'une Grèce que nous connaissons peu, riche en influences méditerranéennes, orientales et balkaniques. Le restaurant est d'une élégance rare, avec ses salles lumineuses aux plafonds hauts, son vieux plancher en bois couvert de tapis et ses tables habillées de nappes blanches.

On y a dégusté pour commencer une sélection de hors-d'œuvre traditionnels (18€), dont un délicieux poulpe grillé et un époustouflant tarama maison. Ensuite, les fava de Santorin, base de l'alimentation des habitants des îles grecques, servies avec des tomates légèrement séchées et des câpres à l'huile d'olive. Suivies d'un agneau confit aux légumes de saison (28€), un plat mijoté pendant plusieurs heures, une des spécialités de la maison. Et pour finir, un gâteau de semoule à la mastiha, léger et rafraîchissant, avec sa glace vanille.

Le Notos est un véritable voyage au cœur de la Grèce, qu'on se réserve pour un lunch (29€ pour trois services) ou une occasion spéciale, pour savourer un dîner méditerranéen tout en finesse.

EN Opened in 1995 and located between Avenue Louise and the Châtelain area since 2000, the Notos serves simple yet extremely fine Greek cuisine. The owner and chef, Constantin Erinkoglou, tells the story of his passion for great produce and the farmers who cultivate them through his cuisine. His aim at Notos is to spotlight Greek culinary heritage which is little-known but rich in Mediterranean, Middle-Eastern and Balkan influences.

The restaurant is exceptionally elegant with high ceilings bright rooms, old wooden floors covered in heavy carpets and dark wooden tables with white tablecloths. We started our meal with a selection of mezze (18€) including delicious grilled octopus and incredible homemade taramasalata. Then we had fava from Santorini which is the base of the Greek diet on many islands, served with sun-dried tomatoes and capers in olive oil. The main course was an amazingly tender slow-cooked lamb with seasonal vegetables (28€), one of the house's specialties. We ended on a sweet note with a semolina cake with mastika, light and refreshing, served with vanilla ice-cream.

The Notos offers a real journey deep into the heart of Greece. A restaurant to keep in mind for lunch (29€ for three courses) or for a special occasion to enjoy a fine Mediterranean dinner.

Ötap

Petites assiettes à partager / *Small plates to share*

10 place Albert Leemans
1050 Ixelles
+32 472 75 47 38

Petits plats / Small plates : 5,50€ - 16€
Terrasse / Terrace

FR Deux ans après l'ouverture de chez Humphrey et du Crab Club, c'est à Ötap de proposer à sa clientèle une carte de petits plats à partager. Façon mezze mais pas tout à fait, car ici tout est dans le détail. Aux commandes, Paul-Antoine Bertin, jeune chef officiant déjà chez Point Albert avant la transformation et déjà prêt à se lancer tout seul du haut de ses 21 ans. C'est que le jeune chef sait exactement ce qu'il fait. Il propose une carte courte, de saison, avec une dizaine de petits plats à partager aux intitulés plus alléchants les uns que les autres et une carte des boissons centrée autour de cocktails créatifs et inspirés.

Avant de s'installer dans cet intérieur élégant au design léché – murs bleu-gris, globes en verre opalin et banquettes vert bouteille – on pioche dans la carte restreinte de la terrasse avec déjà un premier cocktail à la main. On commence avec le « Shiso », un gin tonic accompagné de citron vert, de vermouth et de sirop de shiso – parfumé et rafraîchissant (11€). Toujours à l'extérieur, on continue sur notre lancée avec un artichaut breton et sa vinaigrette à la moutarde (9,50€) et une stracciatella et sa focaccia maison (9,20€). Le tout servi dans de la magnifique céramique de Marie Brisart confectionnée sur mesure pour Ötap.

Mais on veut goûter au reste de la carte. On s'installe donc sur la banquette pour déguster des fleurs de courgettes farcies à la ricotta et au romarin fumé (12€), un trio de thon – grillé, en sashimi et en tartare – (14,50€) et une raviole ouverte aux petits pois frais et asperges sauvages (9,30€). On termine ce délicieux repas au Bois Sans Soif, un superbe vin blanc nature qui se boit tout simplement sans soif.

EN Two years after Humphrey and the Crab Club opened, Ötap is now also offering dishes to share. Mezze-like, but not quite, as the difference here is in every little detail. Behind the project is talented chef Paul-Antoine Bertin, only 21, already part of the team in the previous Point Albert and definitely ready to take the plunge on his own. And we can tell, the chef clearly knows what he's doing. His menu is short and seasonal with a dozen intriguing small dishes to share and a drinks menu centred around creative and inspired cocktails.

Before stepping into the elegant dining room – grey-blue walls, opaline light globes and dark green sofas – we had already picked a few things from the limited outdoor menu, while enjoying a cocktail. We started with a "Shiso", a gin and tonic served with lime, vermouth and shiso syrup – fragrant and refreshing (11€). Still outside, we had an artichoke with mustard vinaigrette (9.50€) and a *straciatella* with homemade focaccia (9.20€), both beautifully presented in Marie Brisart's handmade ceramics, custom-made for Ötap.

As we wanted to try the rest of the menu, we went inside to order stuffed zucchini flowers with ricotta and smoked rosemary (12€), a tuna trio – grilled, raw and a tartar (14.50€) and an open ravioli with fresh peas and wild asparagus (9.30€). In the meantime, we had switched to a fabulous natural wine, "Bois Sans Soif" – Drink Without Thirst. A perfect name.

Ricciocapriccio

Cuisine italienne de la mer / *Italian cuisine from Sardigna*

90 rue Américaine
1050 Ixelles
+32 2 852 39 69
ricciocapriccio.be

Plats / Main courses : 16€ - 30€
Jardin / Garden

FR Après y avoir officié tous deux pendant un an, Mikele et Vitto décident de racheter l'ancienne Piola Pesce dans le quartier du Châtelain pour en faire le désormais réputé Ricciocapriccio. *Riccio* comme un oursin et *capriccio* comme un caprice en italien. Un nom qui coule de source pour ces deux associés, originaires respectivement des Pouilles et de Sardaigne, qui ont fait de cette petite trattoria italienne une adresse dédiée aux produits de la mer. Leurs spécialités : les oursins et le poulpe entier grillé dont ils écoulent plus de 100 kg par semaine. Un produit incontournable si vous y êtes de passage. Et si vous préférez opter pour des pâtes en plat principal, le poulpe est également disponible parmi les entrées sous forme de délicieuses petites tentacules grillées (16€). Les oursins sont quant à eux servis frais et encore entiers lorsqu'ils sont en saison ou dans un plat de pâtes, accompagnés de poutargue ou encore de vongole fraîches. En plus de ces deux produits phares, on trouve à la carte quelques suggestions de pâtes aux fruits de mer, à la saucisse ou encore végétariennes. Tous leurs fruits et légumes sont importés directement des Pouilles et tous les poissons et fruits de mer leur sont livrés chaque matin sauf le lundi, jour de fermeture qui s'est donc imposé de lui-même.

On goûte à des *fregola al polpo, cuori, capperi e friggitelli* (18,50€), des petites pâtes courtes d'origine sarde accompagnées de poulpe grillé, de coques, de câpres et de petits piments verts très doux. Mais le vrai bonheur chez Ricciocapriccio, c'est de manger au jardin. Dès l'arrivée des beaux jours, on se presse d'y réserver (bien à l'avance) une table pour profiter d'une délicieuse soirée d'été sous les arbres.

EN Having worked at Piola Pesce for around a year, Mikele and Vitto bought the place and turned it into the now well-known Ricciocapriccio. *Riccio*, like sea urchin and *capriccio* like a whim in Italian. The name came quite naturally for the two new owners from Puglia and Sardigna, who focus on the finest produce from the sea. Their specialty: sea urchins and whole grilled octopus, of which they sell over 100kg a week. Definitely a must-try. But if you prefer pasta, no worries - you can have the delicious grilled octopus tentacles as a starter instead (16€). The fresh sea urchins are served whole whenever in season or mixed with pasta and some other ingredient like bottarga (smoked egg roe) or fresh vongole. You will also find a few pasta suggestions on the menu, with fresh seafood, fish ragù or even Italian sausage and there is always a vegetarian option. Vitto and Mikele only work with the finest ingredients and it's no surprise that all of their fruit and vegetables come from Puglia and that their fish and seafood is delivered daily.

We tried the *fegola al polpo, cuori, capperi e friggitelli* (18.50€), short pasta from Sardigna with grilled octopus, clams, capers and soft green chillies. But what we really love about Ricciocapriccio is being able to enjoy their delicious Italian food in their secluded garden. Whenever the weather allows, we get a table outside to enjoy a long summer night beneath the trees.

Chez Franz

Bar de quartier / *Bar & brunch*

30 avenue du Haut Pont
1050 Ixelles
+32 2 347 42 12
chezfranz.com

Brunch : 7€ - 20€
Terrasse / Terrace

FR   Chez Franz est sans hésiter une des adresses les plus intemporelles de Bruxelles pour le brunch. Si on aime venir prendre l'apéro sur la terrasse ensoleillée de ce petit bar sympa du quartier Châtelain, pour nous, c'est avant tout un incontournable du dimanche midi. Les formules, de 7 à 20€, sont plutôt ce que l'on pourrait qualifier de classiques, ou même de régressives. Des choses simples, tout comme ce bar au service chaleureux et sans prétention, pour les jours où on aime ne pas trop avoir à réfléchir. La formule moyenne (15€), leur best-seller, se compose d'une boisson chaude, d'un jus d'orange pressé, d'un riz au lait maison, d'œufs sur le plat avec du bacon, de pain avec de la confiture, du sirop de Liège et du Nutella, et d'une assiette de charcuterie. Pour 5 euros de plus, on y ajoute une coupe de Prosecco et une assiette de pain perdu. Le bonheur. Tous les éléments qui composent les formules sont également disponibles à la carte, comme le pistolet aux crevettes grises (9€) ou encore le yaourt au muesli bio (5€).

En semaine, on y vient aussi pour leurs plats du jour typiquement bruxellois comme le chicon au gratin ou le boudin compote (12€) et pour jouer les prolongations autour de l'apéro, au point de sauter le repas du soir. Autre incontournable de la maison, le cheeseburger à 5 euros, préparé avec un vrai pistolet à la belge et tout simplement emballé dans une feuille de papier kraft. Un de nos meilleurs plans pour véritablement manger sur le pouce.

EN   Chez Franz is without hesitation our all-time brunch favorite. We do love an early-evening cocktail on their perfectly-oriented sunny terrace, but this place is a compulsory destination for lazy Sundays. The brunch menus (from 7-20€) are classics, which is what we love about them. Simple dishes, just like this unpretentious and friendly bar, for days when making even the slightest decision is too much. Their best-selling menu includes a hot drink, freshly squeezed orange juice, homemade rice pudding, fried eggs with bacon, fresh bread and jam, Liege syrup, Nutella, butter, honey and a plate of cold cuts. For five euros extra, they'll add a glass of Proseco and a plate of French toast. Heaven.

Everything on the brunch menus is also available *à la carte*, including the grey shrimp pistolet (9€) or the yoghurt with organic muesli (5€). During the week, we come here for their Belgian lunch specials (12€), like the *chicons au gratin* (oven baked endives with ham and cheese), the *stoemp saucisse* (mashed potatoes with vegetables and sausages) or to extend our after work drinks until we miss dinner. Another favorite here is the five-euro cheeseburger, made in a real Belgian *pistolet* and wrapped in kraft paper. One of our best tips for a quick and delicious meal on the go.

Tarzan

Bar à vins natures / *Natural wine bar*

59 rue Washington
1050 Ixelles
+32 2 538 65 80
facebook.com / cheztarzan

Vin au verre / Wine by the glass : 4,20€ - 12,35€
Petits plats / Small plates : 6€ - 16€

FR Si on regrettait la fermeture de YAG*, on se réjouit de l'ouverture de Tarzan, bar à vins natures établi dans les mêmes quartiers et par la même équipe. Coralie, la fondatrice, n'a effectivement pas dit son dernier mot. Les deux établissements ont beau se suivre, ils ne se ressemblent pas : là où se tenait jadis l'antre de l'alimentation vive, on trouve aujourd'hui un nouveau repaire pour les plus grands fans de vins natures.

Sur le mur, une mosaïque de tableaux noirs où sont inscrits un par un les noms des vignerons partenaires. À la carte, des vins au verre allant de 4,20€ pour le rosé jusqu'à 12,35€ pour « le vin muté » en passant par la bulle à 8€. Et si vous avez envie de sortir des sentiers battus et de goûter quelque chose d'un peu plus rock'n'roll, un tableau spécifique est là pour vous indiquer les coups de cœur et découvertes extraordinaires de la maison.

Côté cuisine, sur le tableau des suggestions, que du bon : du houmous maison (6€) au boudin blanc (7€) en passant par les rillettes de lapin (8€), on se régale. Nos coups de cœur vont à la dentelle de betterave et mousse d'avocat (8€), une petite tuerie à la fois copieuse et ultra-saine pour l'apéro, à la cecina de bœuf, fondante à souhait (10€) et aux coques à la vapeur et citronnelle, délicieusement parfumées (10€).

Car c'est aussi ça qu'on aime chez Tarzan, prolonger l'apéro jusqu'au bout de la soirée à partager une ribambelle de petits plats. L'accueil chaleureux de l'équipe y est pour beaucoup également, toujours ravie de conseiller leurs vins avec passion.

EN As much as we regretted the closing of YAG*, we are thrilled that the same team re-opened the venue as Tarzan, a natural wine bar. The address is the same but everything else has changed and it's now a real gem for natural wine lovers.

A mosaic of small blackboards on the wall names all their winemakers. On the menu, wines served by the glass range from 4.20€ for a rosé to 12.35€ for their special "vin muté" and 8€ for a glass of natural bubbly. And if you want something special, a little more rock'n'roll, their suggestion board has a selection of the team's favorite wines.

On the food side, it's only the best : homemade hummus (6€), white pudding (7€) to rabbit paté (8€), everything is simply delicious. Our favorites are the raw beetroot lace with avocado mousse (8€), generous yet super healthy, the beef Cecina (10€), which just melts in your mouth and the steamed shells with lemongrass (10€).

It's what we love about Tarzan : making the evening last forever, simply sharing a bunch of small dishes while enjoying delicious and surprising wines.

Flagey, Saint-Boniface, Porte de Namur

Comptoir Florian

Comptoir à thé / *Authentic tearoom*

17 rue Saint-Boniface
1050 Ixelles
+32 2 513 91 03

Théière individuelle / Individual teapot : 5€

FR Dans cet écrin de quiétude de la place Saint-Boniface, on trouve une des plus vastes sélection de thé de Bruxelles. Dès l'entrée, on peut apercevoir les grandes boites à thé numérotées qui ornent les étagères en bois sombre. Le Comptoir Florian est à la fois un comptoir où l'on vient acheter son thé au poids et un salon de thé feutré à l'atmosphère plutôt intimiste.

Dans la pièce principale de cette maison bruxelloise, quelques tables rondes en bois où l'on viendra s'asseoir pour déguster son thé dans une petite théière individuelle en fonte. Sur la cheminée, une vieille mappemonde et quelques papillons bleu roi exposés dans leur globe de verre. Mais s'il reste de la place, c'est dans la pièce du fond que l'on vous recommande de vous installer. Le long des murs sombres, quelques fauteuils club en cuir, et dans un coin, une ombrelle qui nous rappelle l'époque coloniale. Inscrite à la craie sur un tableau noir, la citation «Sans élégance du cœur il n'y a pas d'élégance», signée Yves Saint Laurent. C'est que le Comptoir Florian est bourré de charme. Afin de préserver le calme, un petit panneau demande d'ailleurs aux clients de ne pas utiliser leur téléphone.

Toutes les théières sont au même prix et vous trouverez sur la carte les tarifs pour emporter le thé de votre choix aux 100 grammes. L'occasion de goûter à des thés plus rares, comme le Jasmin Phoenix Dragon Pearls, un thé blanc du Népal, vendu à 21€ les 100 grammes. Toutes les théières sont également accompagnées d'un petit morceau de cake au chocolat, mais si voulez vraiment vous faire plaisir, on vous recommande leur délicieux cake au citron ou encore leur tarte aux épices.

EN In the tranquillity of this beautiful house, you can choose from one of the largest tea selections in Brussels. As soon as you enter, you spot the large numbered tea boxes lined up on the wooden shelves behind the counter. Le Comptoir Florian is both a shop selling loose tea and a cosy and intimate tearoom.

There are round wooden tables in the main room, where you can enjoy tea served in individual wrought-iron teapots, while gazing at an old world map and a globe with bright blue butterflies on the mantelpiece. But if you're lucky enough to find a free table, grab a comfortable leather club chair in the little dark red room at the back. Lined in a corner, an old umbrella reminding us of colonial times and on a black board, Yves Saint-Laurent quoted saying "Without the elegance of the heart, there is no elegance". Le Comptoir Florian is definitely the most charming tearoom we know.

In order to preserve its quietness, the owners kindly advise their customers to keep their phones off. When choosing your tea, bear in mind that all the teapots are the same price. A perfect opportunity to try some rare teas like the Jasmine Phoenix Dragon Pearls, a white tea from Nepal sold at 21€ for 100g. All the teapots also come with a little slice of chocolate cake, but if you really want a treat, try their delicious lemon cake or their terrific cinnamon pie.

Fika

Pause café à la suédoise / *Swedish coffee break*

17 rue de la Paix
1050 Ixelles
+32 2 502 88 85
facebook.com / fikabrussels

Jardin / Garden

FR Fika ou «pause café» en suédois. Un mot qui désigne un moment pour s'arrêter, déguster un café accompagné d'une pâtisserie, entouré de ses collègues ou de ses amis. Joana n'est pas suédoise mais a créé ce lieu à l'image de cet instant.

Fika est un lieu clair, calme et minimaliste, évoquant le bien-être à la scandinave. On y déguste uniquement du café pure origine (en provenance d'un seul pays), 100% arabica et on ne travaille qu'avec les meilleurs grains. Deux torréfacteurs y sont mis à l'honneur : le Café Capitale dont les grains sont torréfiés dans le centre même des Marolles et la marque April, quant à elle bel et bien suédoise, lancée par Patrick Rolf.

Le reste des produits est sélectionné dans une démarche avant tout locale. Le lait et le beurre fermier sont produits en Belgique et les fruits du granola sont bios et de saison. Toutes les pâtisseries sont également préparées maison. Les *kanelbullar*, spécialités suédoises à la cannelle, valent le détour tout comme la brioche accompagnée de confiture artisanale.

Un endroit qu'on apprécie exactement pour ce qu'il est : un lieu de passage où on s'engouffre avec joie le temps d'une délicieuse pause café.

EN Fika means coffee break in Swedish. A moment to stop, take a break with friends or colleagues and enjoy a coffee along with some pastries. Even though Joana isn't Swedish, she created this place to reflect this specific moment in the day.

Fika is quiet, cosy and minimalist, reminiscent of Scandinavian well-being. Joana only serves pure 100% Arabica coffee from the best coffee roasting houses. Two coffee houses take the spotlight here: the Café Capitale, where coffee beans are roasted in the centre of our beloved Marolles district, right in the center of Brussels, and April, a beautiful Swedish brand created by Patrick Rolf.

The rest of the ingredients used are all locally sourced. The farmers' milk and butter come from Belgium, the fruits for the granola are seasonal and organic, and all the pastries are homemade by Joana. The *kanelbullar*, a delicious Swedish specialty with cinnamon, is definitely worth a try, as is the brioche served with delicious jam, perfect for breakfast.

We love this place exactly for what it is : a perfect coffee break.

La Maison Renardy

Salon de thé rafiné / *Elegant tearoom*

111b chaussée de Wavre
1050 Ixelles
+32 2 515 30 17

Théière individuelle / Individual teapot : 3,20€

FR   Sur la chaussée de Wavre, perdue entre Matongé et le quartier européen, La Maison Renardy est une véritable institution. Un endroit tout en finesse pour boire un thé ou un café accoudé à l'une de leur petites tables de bistrot en marbre, et s'attarder toute une matinée.

Dans cette petite entreprise familiale, tout est fait maison: le fils est pâtissier-chocolatier et confectionne lui-même toutes les pâtisseries, ainsi que les petites pralines offertes avec le café. Plus d'une vingtaine de cafés différents au total sont proposés à la carte et plus d'une centaine de thés venant des quatre coins du monde. Chaque théière est accompagnée de son sablier indiquant son temps d'infusion et apportée à table sur des plateaux argentés. Le chocolat chaud, autre incontournable de la carte, est décliné en plusieurs variations d'intensité de chocolat. On recommande tout particulièrement le 75%, onctueux et intense à souhait, véritable remède anti-blues pour les froides journées d'hiver.

Tout à La Maison Renardy n'est que raffinement, des pâtisseries jusqu'aux pâtes à tartiner et aux confitures artisanales, portant chacune l'emblème de cette maison ouverte depuis 1912 et installée dans le quartier Saint-Boniface depuis déjà 2007.

EN   La Maison Renardy is a real institution, lost between Matongé and the European headquarters. An elegant tearoom to enjoy tea or coffee, or take all the time you need for an afternoon break or a special breakfast.

In this family-run tearoom, every single thing is homemade. The son, a pastry chef and chocolate maker, prepares all the pastries and little chocolates offered with the coffee. In total, the menu includes more than 20 different coffees and over 100 kinds of tea imported from all corners of the world. The teapots are served on silver trays and come with little hourglasses to show you the ideal infusion time. The hot chocolate, another must-order on the menu, is available in various degrees of intensity. We particularly recommend the 75%, rich and intense, a true cure during the cold winter days.

Everything is delicate and elegant, from the pastries to the homemade jams and spreads, proudly displaying the logo of Maison Renardy, which opened in 1912 and moved to Saint-Boniface in 2007.

Contrebande

Cuisine gourmande et de saison / *Hearty seasonal cuisine*

6 place Fernand Cocq
1050 Ixelles
+32 2 512 24 66
facebook.com / contrebandebar

Plats / Main courses : 13€ - 18€
Cour intérieure / Interior courtyard

FR Guy fait partie des Évadés de la Contrebande. Les Évadés, c'est le nom de la coopérative qui a repris en septembre 2016 L'Imagin'air Art Café pour le transformer en un bar à bières spécialisé et en une cantine bio. Les Évadés, c'est cinq copains tous passés à un moment ou un autre par la salle, la cuisine ou le bar de l'Imagin'air, et tous liés d'une manière ou d'une autre par la musique, avant de reprendre ce lieu ensemble pour en faire leur contrebande.

Guy nous explique que tous leurs produits viennent directement du Stock des Évadés, leur épicerie bio située de l'autre côté de la rue. Le midi, on a le choix entre le plat vegan, la viande caramélisée, la salade et le plat malté qu'on accompagnera de bière belge ou de vin biodynamique de chez Titulus. En entrée, on tente l'œuf cocotte aux poireaux et au fromage de Herve (6€) prononcé juste comme il faut. On goûte ensuite aux nuggets de tofu fumé, purée de légumes racines et chou-fleur frit (15€) et au canard caramélisé au citron vert et chicons (18€). Une cuisine créative, une carte qui change tous les mois, des produits de saison et des plats généreux et réconfortants.

Mais si la cuisine nous donne envie de revenir, ce sera plutôt pour le brunch (attention, pensez à réserver). Car la Contrebande, le soir, c'est avant tout un bar où l'on vient déguster des bières venant de brasseries belges et artisanales.

C'est aussi une charmante terrasse, cachée dans une cour intérieure invisible de la rue où l'on se réjouit de venir déguster brunchs et apéros entre copains dès l'arrivée des beaux jours.

EN Les Évadés or "The Escapees" is the name of the cooperative behind Contrebande. It's also the name of a group of five friends who all worked at L'Imagin'air Art Cafe at some point or another, before they took it over in September 2016 and turned it into an organic lunch restaurant and specialized beer bar.

Their products all come from their organic grocery shop, the "Stock", just across the street. For lunch, they offer four options which change monthly: a caramelized meat, a vegan dish, a salad, and a beer-based recipe, along with a choice of Belgian beers or biodynamic wines from Titulus. The egg and leek casserole with Herve cheese (6€) was delicious and the taste quite powerful. The smoked tofu nuggets with roasted cauliflower and root vegetable purée (15€) and the caramelized duck filet with lime and endives (18€) were both generously served and super comforting. Their recipes are not only delicious, but very creative.

Their food will have you wanting more, but you'll come back for their weekend brunch rather than for dinner. At night, the restaurant disappears and Contrebande turns into a bar where local craft beers are served along with organic cold cuts and cheese platters.

It's also definitely a go-to place as soon as the days lengthen, as they have one of the best hidden terraces in the city where you can enjoy drinks with friends and a few rays of sun.

La Petite Production

Brunch toute la semaine / *All-week brunch*

5 rue du Couloir
1050 Ixelles
facebook.com/lppbxl

Brunch: 7€ - 14€
Plat du jour / Daily special: 15€
Terrasse / Terrace

FR À peine une semaine après son ouverture La Petite Production ne désemplissait déjà plus. Pas étonnant puisque cette petite cantine a la particularité de servir des brunchs toute la journée et tous les jours de la semaine.

Laurent Dano, avec déjà à son actif My Little Cup, s'associe cette fois avec Danaé de la Barra en cuisine. Ensemble, ils créent une carte de brunch explosive, disponible toute la semaine, parce qu'il ne devrait pas y avoir de jour pour manger des œufs pochés et des pancakes au sirop d'érable. On y trouve les grands classiques intemporels du brunch: pancakes, pain perdu ou encore bol de granola aux fruits frais. Mais la star ici, c'est la formule «Pimp my eggs» (14€): deux œufs cuits comme vous le voulez et servis avec deux accompagnements au choix: petites saucisses, beans à la tomate, champignons, chèvre frais, bacon ou encore légumes de saison. Tout y est.

Mais on ne va pas à La Petite Production seulement pour les brunchs. Le midi, Danaé prépare un plat du jour à base de produits de saison. On y a goûté un délicieux suprême de Coucou de Malines accompagné de potiron, pommes de terre, échalotes et réduction de bouillon fumé au foin. Un plat parfaitement maîtrisé et super copieux, le tout pour 15€. L'espace d'un instant on a presque eu peur de ne plus avoir de place pour les pancakes.

L'endroit a ce petit quelque chose des Néocantines qu'on aime bien. Grand comptoir et cuisine ouverte en lattes de bois, murs en briques et chaises colorées en Formica. C'est simple, joli et sans prétention et c'est surtout très bon!

EN Just a week after opening, La Petite Production was already full and has never been empty since. Not that surprising as they offer a delicious brunch menu, which they serve every single day of the week, all day long.

Laurent Dano, who also owns My Little Cup, has teamed up with Danaé de la Barra who runs the kitchen. Together, they have designed a terrific brunch menu available every day, because no one should have to wait until the weekend to have pancakes and french toasts. Besides those two classics, the fabulous "Pimp my eggs" combo: two eggs, cooked any way you want served with your choice of sausages, baked beans, mushrooms, goat cheese, bacon or seasonal vegetables. They've got it all.

But brunch isn't the only reason to remember La Petite Production. On weekdays, Danaé makes a daily special using fresh and seasonal ingredients. We had a delicious Coucou de Malines supreme, served with pumpkin, roast potatoes, shallots and reduced hay-smoked broth (15€). A recipe that completely blew us away. And for a minute there, we almost feared we were too full for pancakes.

The decor has one of these new-age canteens look we love with its open kitchen, wooden counter, red-brick walls and colorful Formica chairs. The atmosphere is relaxed and friendly but most importantly, the food is delicious!

L'Architecte

Cantine et brasserie belge / *New-age canteen and bistro*

19 place Eugène Flagey
1050 Ixelles
+32 2 648 34 36
restaurant-larchitecte.be

Plats / Main courses : 8€ - 20€

FR Une cantine, un chouette resto et une brasserie d'inspiration belge ; voilà à quoi nous fait penser l'Architecte. Et c'est un peu tout ça à la fois.

Sa création s'insère dans la rénovation plus globale de l'école d'architecture de La Cambre, dirigée par le bureau Lhoas&Lhoas, connu pour de nombreux projets bruxellois tels que Les Filles, Maru ou encore Certo parmi tant d'autres.

Côté espace, la volonté était de garder apparente la structure de la pièce et de venir compléter avec des matériaux tout aussi bruts, assemblés de manière simple et élégante. On adore le rose de l'étagère et le comptoir en résine colorée, qui ajoutent une note funky et contemporaine au projet sans le dénaturer.

En cuisine, c'est Damien Bouchéry qui s'est occupé de la création de la carte. On vous disait plus haut que ça nous faisait penser à une cantine, une brasserie et un resto à la fois. Une cantine, parce que c'est devenu depuis son ouverture le QG de tous les profs de l'école, et même de tout le quartier Flagey, durant la pause du midi, et qu'on peut s'y restaurer rapidement en choisissant parmi leur grand comptoir à salades (8 à 12€ la portion). Une brasserie belge, car on peut y commander une portion de frites en plus de son plat et y déguster un mijoté de bœuf à la gueuze (15€), avec sa tarte aux pommes maison (4€). Et un chouette resto, parce qu'en plus de tout ça, on y déguste des plats du jour de saison (15€), comme un skreï de Norvège et purée de racines de persil, accompagné de pain de La Fleur de Pain, de vins natures de chez Titulus, ou d'une planche de fromages de chez Julien Hazard (9,50€).

Une carte à l'image du lieu, aussi éclectique que ses clients qui vont et viennent au fil de la journée.

EN A canteen, a Belgian inspired bistro and a quality restaurant, that's what L'Architecte reminds us of. And it's probably a mix of all three at the same time.

Its creation was part of the global renovation of the architecture school La Cambre, done by Lhoas & Lhoas architects, known for places like Les Filles, Maru or Certo to name a few. While keeping the existing structure of the building visible, their will was to build the rest of the space with raw materials, in an elegant yet simple manner. We love the pink color of the shelves and the colorful resin countertops, which make the whole decor a little bit more contemporary. Another pillar of the project is chef Damien Bouchéry, who designed the menu.

So we said earlier how the place reminded us of a canteen, a restaurant, and a Belgian bistrot all together. A canteen, because the place is always crowded with teachers, happy to finally have a proper spot for their lunch break. The big salad counter (8 - 12€) makes it the perfect option for a quick, healthy lunch between two classes. A Belgian brasserie, because fries are always available, so are dishes like beef stewed in beer (15€) and homemade apple pie (4€). And a quality restaurant because there is always an elegant, seasonal daily special, like the Skrei and celeriac purée (15€), served with natural wines from Titulus, cheese plates from Julien Hazard (9.50€) and delicious bread from La Fleur de Pain.

The menu is just as diverse as the customers, who come and go as the day goes by, enjoying lunch, studying or having dinner and enjoying the great view over Place Flagey.

Pierre Lhoas

Souvenir ou fantasme
Memory or fantasy

FR Pierre Lhoas a fondé avec son frère Pablo le bureau d'architecture Lhoas & Lhoas en 1994. Ensemble, ils ont conçu la superbe librairie Candide, le BOZAR shop, les restaurants Maru, Les Filles, ou encore Certo, et sont également derrière la rénovation globale de l'école d'architecture de La Cambre, dont la superbe cafétéria « L'Architecte ».

EN Pierre and his brother Pablo founded the architecture company Lhoas & Lhoas in 1994. Together they've designed the well-known Candide library, the BOZAR shop, the restaurants Maru, Les Filles and Certo and are also behind the total renovation of La Cambre Architecture School, including the great new restaurant "L'Architecte".

Qui es-tu?

Je suis Pierre Lhoas, architecte et enseignant en architecture comme mon frère Pablo avec qui je suis associé depuis très longtemps. On a choisi l'architecture car c'est une discipline qui est dans le champ artistique et culturel et en même temps qui a des dimensions de rapport à l'espace public, au public, aux usagers. On a passé une partie de notre enfance en Afrique puis près de Charleroi, et on est arrivés à Bruxelles au moment de nos études d'architecture.

Ton adresse préférée à Bruxelles?

Une de mes préférées, là où je vais le plus souvent, c'est chez Kamo car je trouve que le lunch est fantastique. J'y vais depuis le tout début, lorsqu'il était encore près du cimetière d'Ixelles. Je connais bien le chef et je trouve que c'est toujours aussi bien, et puis j'adore la cuisine japonaise.

Ton souvenir culinaire le plus marquant?

J'ai un souvenir, qui est je crois, de l'ordre du fantasme. Une pizzeria à Milan où je suis allé quand j'étais étudiant, avec un copain italien. On y avait passé quelques jours pour visiter toute l'architecture rationaliste italienne. Je ne sais pas pourquoi, mais j'ai cette idée que cette pizza était extraordinaire, et j'ai cherché plusieurs fois mais je n'ai jamais retrouvé cet endroit. Je pense qu'elle devait sans doute être finalement assez normale mais il a dû se passer un truc à un moment donné, et j'ai longtemps gardé ce souvenir d'une sorte de pizza parfaite que j'avais mangée à Milan à l'époque.

Who are you?

I'm Pierre Lhoas, architect and architecture teacher, like my brother Pablo, who has been my business partner for a long time now. We chose architecture because it has roles in both the arts and culture, and its scope ranges across both public and private spaces. We spent some of our childhood in Africa, then in Belgium, close to Charleroi, until we moved to Brussels to study architecture.

Your favorite place in Brussels?

One of my favorite places in Brussels, the one I visit most often, is Kamo, because their lunch is just fantastic. I've been going there since the beginning, when it was still near the Cimetière d'Ixelles. I know the chef quite well too and I think the food is simply excellent. Plus I just love Japanese cuisine.

Your strongest food memory?

I have one memory, which is perhaps more like a dream. It was a pizzeria in Milan, which I went to as a student with an Italian friend. We had spent some time in Milan looking at rationalist Italian architecture and I don't know why, but I have this idea of this pizza being completely out of the extraordinary. I've looked for the place many times since then, but I haven't had any luck. In the end, I think the pizza was probably just good, but something must have happened at some point, because I still remember it as the perfect pizza I ate in Milan when I was young.

L'Épicerie

Petite cuisine thailandaise / *Grocery store and Thai cuisine*

56 rue Keyenveld
1050 Ixelles
+32 2 513 71 84

Plat du jour / Daily special : 13,50€
Terrasse / Terrace

FR Encore secret pour beaucoup de bruxellois et très apprécié par ceux qui le connaissent déjà, l'Épicerie est un lieu hors du temps comme il y en a peu, situé à l'arrière de la chaussée d'Ixelles. De la vitrine, on aperçoit des paniers de fruits et légumes et une grande balance ancienne. À chaque fois que la porte s'ouvre pour laisser passer un client, une incroyable odeur de citronnelle envahit la rue. Lorsqu'on entre, on découvre une vraie petite épicerie de quartier, aux étagères remplies de produits les plus communs : thé bio de la marque Yogi, jus de fruits, mais aussi des paquets de chips Lay's ou encore des tablettes de chocolat Galak. Un mélange étonnant qui nous fait sourire.

Au sol, le carrelage bruxellois d'origine, sur les murs, des dessins et des photos, et à la radio un air de musique espagnole. On s'installe à l'une des tables en bois de cet endroit bourré de charme. Car dans cette épicerie pas comme les autres, on vient surtout pour manger sur place. Le plat du jour, le même depuis toujours, un curry vert de boulettes de poulet à la citronnelle et aux légumes, est une petite pépite. On y dévore également d'excellents sandwichs au jambon de parme et au guacamole, pour lesquels il faudra s'armer de patience. Le guacamole est entièrement préparé minute par le patron thaïlandais qui y met beaucoup de cœur.

Cet homme est un véritable rayon de soleil à lui seul. Il vous accueillera toujours avec le sourire et s'occupera de vous comme si vous étiez son premier client. Une petite pépite, on vous disait.

EN Although it is still largely undiscovered, L'Épicerie is highly appreciated by those lucky enough to have stumbled across this place out of time, just behind Chaussée d'Ixelles. From outside you can see fruit and vegetable baskets through the window along with a big old iron weighing scale. Whenever customers come out the door, so does a delicious waft of lemongrass. Inside, it's a real local grocery, the shelves filled with the most common products, from organic Yogi tea fruit juices, as well as Lay's crisps and Galak white chocolate tablets. A surprising combination of items which always makes us smile.

On the floor, the original white and blue tiles were kept, and on the walls, paintings and old photos are pinned. On the radio, a Spanish song is playing. We made our way to one of the little wooden tables to have a look at the menu. The daily special, the same dish since we can remember, a green curry with chicken meatballs, vegetables and lemongrass is the main reason we come. You can also order delicious Parma ham and guacamole sandwiches, but you will have to be patient. The guacamole is made to order by the Thai owner who really puts all of his heart into it.

This man is a true ray of sunshine, always greets you with the biggest smile and treats you as if you were his very first customer. A real gem.

Luka

Cuisine du monde / *World food*

260 chaussée d'Ixelles
1050 Ixelles
+32 2 646 75 47
facebook.com/restoluka

Plat du jour / Daily special : 13€
Cour intérieure / Interior courtyard

FR C'est avec son papa Luis d'origine portugaise, que Kamala crée Luka, rassemblant une syllabe de chacun de leurs prénoms, dans un lieu qui leur ressemble.

Un accueil ultra chaleureux quand on entre dans cette petite cantine aux murs bleus de la chaussée d'Ixelles. Le sourire de Luis, qui vous explique la carte depuis son comptoir rempli de fruits frais. Une carte avec des bases fixes, mais dont les ingrédients changent tous les jours. Plat du jour, soupe, tartine, quiche ou pizza et rouleaux de printemps. Le tout préparé le jour même, selon l'inspiration de Kamala.

Petits déj', brunch du samedi et délicieux desserts complètent le tableau. Luis nous fait goûter les *polvorones*, une spécialité d'Andalousie, à la frontière de l'Algarve, traditionnellement préparés pour les fêtes de Noël. Kamala en raffole et en prépare toute l'année. Et elle a bien raison, car, comme le dit son papa, « c'est tout simplement violent ». On adore.

L'identité visuelle est assortie à la couleur des murs. Ici, c'est bleu, bleu, bleu. On aime ces jolies illustrations et cette carte réalisée avec finesse qui illustre parfaitement l'esprit de la maison : chez Luka, la cuisine est joyeuse et délicate. Mais même si la cuisine y est délicieuse, c'est bien plus que ça qui nous donne envie d'y rester, et puis surtout, d'y revenir.

EN Kamala opened Luka with her father Luis, who is originally from Portugal uniting a syllable from each of their names for a restaurant that would be just like them.

Warm and welcoming, these are the two words that popped in our minds the first time we visited this canteen with deep blue walls. Luis, standing behind his counter, will greet you with a big smile on his face as soon as you step in, and happily explain the daily menu written on the blackboard. It changes daily but there is always a special, a soup, a sandwich, a quiche or pizza and a fresh spring roll. Everything is freshly made by Kamala, depending on the seasons and her inspiration.

Breakfast, Saturday brunch and delicious desserts complete the picture. Luis got us to try the Polvorones, a specialty from Andalusia, next to the region he is from. The pastries are usually only made at Christmas, but Kamala loves them so much that she serves them all year round. As her father says, "they're simply violent".

Their branding and visual identity matches the color of the wall: everything is blue, blue, blue. We love the pretty illustrations on the cards and menus which perfectly reflect the joyful and delicate food.

The truth is, although everything is delicious, the spirit of Luka is about much more than food.

Pho Pho

Soupe de nouilles vietnamiennes / *Vietnamese noodle soup*

149 chaussée de Vleurgat
1000 Bruxelles
+32 2 218 83 57
facebook.com / phophostreetfood

Pho : 13,50€

FR Pho Pho est une petite cantine vietnamienne que l'on affectionne tout particulièrement, et où l'on prépare les soupes de nouilles comme dans les rues de Hanoï.

Leur établissement implanté chaussée de Vleurgat, avec son décor chaleureux et cosy, nous donne envie de nous y retrouver tous les midis.

Ici c'est le Pho, le plat national du Vietnam qui est mis à l'honneur. Préparé différemment selon les régions du Vietnam, mettant au centre tantôt le bouillon, tantôt les herbes fraîches qui le garnissent, le Pho est traditionnellement réalisé de la même manière : un bouillon de bœuf mijoté pendant de longues heures, à base d'oignons, d'anis étoilé, de cannelle et de cardamome, accompagné de nouilles de riz plates et larges et garni de germes de soja, de coriandre, de basilic thaï et de citron vert.

Chez Pho Pho, le bouillon est préparé sans glutamate et est décliné avec du bœuf (Pho Bo), du poulet (Pho Ga) ou des légumes (Pho Chay). Apporté à table encore fumant et agrémenté d'un trait de citron vert juste avant la dégustation, c'est un véritable régal pour les papilles.

Le midi, la formule lunch à 13€ comprend un Pho au choix ainsi qu'une entrée du jour. Le Pho Bo (13,50€ hors formule) reste notre préféré et la brochette de bœuf parfaitement grillée qui l'accompagne est une petite merveille. Une adresse qui réchauffe le corps et le cœur les jours de pluie et le reste du temps aussi.

EN Pho Pho is a small Vietnamese place we particularly love, serving steaming noodle soups just like in the streets of Hanoi.

Located on chaussée de Vleurgat just off Avenue Louise, the warm and cosy atmosphere of this tiny restaurant makes us want to come back everyday for lunch.

The pho, Vietnam's national dish, is at the heart of their menu. This soup is prepared differently in every region of Vietnam, sometimes highlighting the broth and sometimes the garnish. But it's always more or less prepared the same way: a beef broth which is simmered for hours with onions, star anise, cinnamon, cloves, cardamom, then filled with wide rice noodles and garnished with soy bean sprouts, fresh cilantro, Thai basil and lime quarters.

At Pho Pho, the broths are made without additives, and prepared with either beef (Pho Bo), chicken (Pho Ga), or vegetables and tofu (Pho Chay). Brought to the tables steaming and topped with fresh herbs and a splash of lime juice, they're just pure bliss.

They have a daily lunch special of your choice of Pho and a starter of the day for 13€. The Pho Bo (13.50€ outside the lunch deal), is definitely our favorite, and the grilled beef skewer that comes in the menu is simply delicious.

If chicken soup for the soul is what you're looking for, this place is just what you need.

Takumi

Donburi & gyozas maison / *Donburi & homemade gyozas*

8 rue Lesbroussart*
1050 Ixelles
+32 488 43 04 42
facebook.com/takumibruxelles

Donburi: 14€
Terrasse / Terrace

FR En s'installant dans le quartier Flagey en 2015, Takumi importe un nouveau concept food à Bruxelles: le donburi. Un mono-produit d'origine japonaise, simple sans jamais être ennuyeux, jusque là encore méconnu des bruxellois.

Décliné en cinq versions, on se régale de ces bols de riz recouverts de préparations savoureuses. Haché de porc au gingembre et concombres, fines tranches de bœuf aux oignons, boulettes de poulet caramélisées ou encore poulet frit dans une panure ultra fine et croustillante (14 € chacun). Sans oublier les délicieux gyozas maison au porc gingembre, poulet ou kimchi (7 € les 6). On aime ces bols tous plus appétissants les uns que les autres, qui s'emportent en un clin d'œil ou se dégustent sur place avec une bande de copains avant un verre ou un ciné.

Le succès de Takumi ne se fait pas attendre et deux ans plus tard une nouvelle enseigne ouvre sur la place Jourdan. Les codes graphiques y sont les mêmes, tout comme la carte que l'on se réjouit de retrouver dans ce quartier où les chouettes restos peinent encore à ouvrir.

On apprécie la constance des donburi qui ne déçoivent jamais, l'ambiance toujours ultra détendue et conviviale et le côté hyper accessible de Takumi qui ne nous fait jamais hésiter bien longtemps avant d'en franchir la porte.

EN When the first Takumi opened in Flagey in 2015, they introduced a new food concept to Brussels: the donburi. A Japanese mono-product, simple yet never boring, which was still unknown in the capital at that time.

We rushed to try all five different rice bowls covered in colorful ingredients: minced pork with ginger, miso and cucumber, thin slices of beef marinated with onions, caramelised chicken meatballs and chicken fried in a light and crunchy batter and served with cucumber and soy bean sprouts (14€ each). We also loved their homemade gyozas with pork and ginger, chicken or Korean kimchi (7€ for six) – still hard to find in Brussels. We immediately fell in love with their donburi, all equally appetizing and easy to take out or eat in with friends for lunch, before a movie or a long night out.

Like the food, the decor is simple with pretty details and hints of color, from the red chairs to the blue Japanese style prints.

Two years later, the second Takumi opened on Place Jourdan with the same decor and menu, and now they also offer monthly specials, like the poke bowl with raw salmon, edamame, daikon radish and pickled ginger.

We go often because we love the donburi, the laid-back atmosphere and the affordable prices. The fact that the food never ever disappoints, the laid-back and warm atmosphere and the very affordable prices never have us hesitate too long before stepping inside Takumi.

*Aussi / Also
67 place Jourdan
1050 Ixelles
+32 484 02 82 49

Yamato

Comptoir à ramen traditionnel / *Ramen traditional shop*

11 rue Francart
1050 Ixelles
+32 2 511 02 00
facebook.com/yamatobelgique

Plats / Main courses : 12€ - 14,50€
Terrasse / Terrace

FR Manger chez Yamato, ça se mérite, et c'est ça qui nous séduit. L'endroit, tout petit, ne peut accueillir qu'une dizaine de personnes à la fois à son comptoir. Deux banquettes accueillent les clients affamés qui rentrent attendre leur tour, et des mangas en japonais sont mis à disposition dans une étagère, pour ceux qui savent les lire. Ce qui ne risque pas de poser problème ici, vu que la majorité des clients du Yamato est d'origine japonaise, ce que nous interprétons comme un bon signe.

Il nous faudra donc patienter pour accéder à l'estrade sur laquelle se trouve le comptoir, (une petite demi-heure environ) et pour pouvoir déguster les superbes bols de nouilles ramen qui font la réputation de l'endroit. Une fois notre tour arrivé, nous nous installons face aux cuisiniers à qui nous passons directement commande. Gyozas maison (7€ pour 6), Katsu-don et Shoyu ramen sont au rendez-vous. Le Katsu-don (14,50€), un énorme bol de riz recouvert de lamelles de porc pannées, est délicieux et tellement copieux qu'il nous est presque impossible de le terminer. Le bouillon Shoyu qui accompagne les ramen, commandé avec le traditionnel rôti de porc (14€), est plein de saveurs. Un pur bonheur qui se sera finalement à peine fait attendre.

Une fois terminé, il faudra suivre la règle du jeu et laisser à regret notre place convoitée aux clients suivants. Mais si vous préférez pouvoir prendre votre temps et vous attarder un peu au comptoir, allez-y comme nous vers 21h30. Vous serez parmi les derniers servis et ne devrez pas céder votre place. En été, vous pourrez aussi vous installer en terrasse pour être plus rapidement assis. Attention cela dit, l'attente y est certes moins longue mais l'expérience n'est pas la même non plus !

EN Having dinner at Yamato should be something that you really want. That is what we love so much about this tiny place which can only host about ten people around its open kitchen. Two benches by the window allow the hungry customers to patiently wait for their turn while helping themselves with Japanese Manga from the shelf nearby – that is if they know how to read them. That shouldn't be a problem here as most customers at Yamato are Japanese, which we take as a good sign.

You usually have to wait for around half an hour before it's your turn to climb onto the little platform for a beautiful bowl of the ramen, which this place is famous for. Once seated at the counter you order directly from the chefs. Homemade gyozas (7€ for 6), Katsu-don and Shoyu Ramen are our favorites. The Katsu-don (14.50€) a delicious bowl of rice topped with fried bread coated slices of pork, is hearty and served in such generous portions it's hard to finish. The Shoyu broth, served with the ramen is full of flavor, making it worth the wait.

But once you've eaten, you have to play fair and give your seats up to the next customers. So if like us, you like to take your time, arrive around 9.30pm so that you're one of the last people served and chances are you won't have to give up your seat. In the summer, you can also eat on the little terrace, where it's also quicker to get a seat. But although you might wait much less to get seated, the experience won't be the same either!

52 and the Secret Garden

Cuisine italienne au jardin / *Italian cuisine in the garden*

52 chaussée de Vleurgat
1050 Ixelles
+32 473 20 68 02

Plats / Main courses : 12€ - 15€
Jardin / Garden

FR De la chaussée de Vleurgat, rien ne pourrait laisser croire que derrière la façade du numéro 52, se cache un jardin aussi enchanteur que celui du Secret Garden. De l'extérieur, on peut apercevoir à travers la vitre un petit panneau indiquant le nom de la bonne sonnette. Car on ne pénètre pas dans le Secret Garden comme dans n'importe quel établissement. Après avoir réservé (!), Alessio vous ouvrira la porte de son antre, pour vous accueillir dans son restaurant comme il vous accueillerait chez lui. En traversant l'espace pour accéder au jardin, on peut apercevoir une salle simple mais qu'on imagine chaleureuse et pleine de charme pour les jours d'hiver. On passe ensuite à travers la cuisine pour déboucher sur une vision de pur bonheur. Une fois passé le seuil du jardin du 52, vous ne vous trouverez pas à Bruxelles, mais bien au fin fond de l'Italie, caché dans l'univers magique d'Alessio. On pourrait être ici partout et nulle part ailleurs en même temps. Dans ce jardin, c'est tout simplement un petit bout d'été que l'on vient croquer, peu importe le temps qu'il fait dehors.

À la carte, Alessio nous emmène chez lui, en Sicile, à travers quelques suggestions simples et pleines de goût. Les herbes fraîches du jardin, les pâtes faites maison et le poulpe grillé sont bien au rendez-vous. On se rappellera du « thon de lapin », du lapin confit servi sur une purée d'aubergines rôties parfumée à la menthe fraîche en entrée (10€), ainsi que des spaghetti maison accompagnés d'une sauce carbonara aux asperges vertes (13€) et du délicieux poulpe grillé et sa purée de fèves des marais (15€).

Avec un verre de vin blanc italien frais et fruité, c'est un bonheur à prix mini qu'on s'offre sans hésitation lors des chaudes soirées d'été.

EN From Chaussée de Vleurgat, nothing suggests that behind the facade of number 52, lies a garden as enchanting as the Secret Garden. From the outside, you can see a small sign through the window indicating which bell to ring. One thing is sure: you will not walk into the 52 and its Secret Garden as you would walk into just any restaurant.

After having booked (!), Alessio will buzz you in to welcome you into his sanctuary, like he would into his own home. Walking through to the garden, you walk past a simple yet charming dining room at the front, which we imagine full of warmth for the colder days. Then you go through the kitchen into a beautiful garden and you're transported. You could be in Italy or in Alessio's magic world, but clearly not in Brussels anymore.

It's always summer in this Secret Garden. Alessio's menu is also redolent of Sicily, featuring fresh herbs, homemade pasta and grilled octopus. We still remember the "rabbit tuna", tender rabbit served on an eggplant purée with fresh mint (13€), the homemade spaghetti with carbonara sauce and green asparagus (13€), and the delicious grilled octopus served with mashed fava and roasted bell peppers (15€).

With a glass of chilled dry, white wine, it's pure heaven that we're treat ourselves to on warm summer nights.

À l'Ombre de la Ville

Cuisine du marché inspirée / *Inspired seasonal cuisine*

7 rue de la Reinette
1000 Bruxelles
+32 488 86 47 86

Plats / Main courses : 16,50€ - 18,50€
Cour intérieure / Interior courtyard

FR   Coincé dans une ruelle pavée perpendiculaire à la rue de Namur, À l'Ombre de la Ville intrigue par sa devanture. À même la rue, une petite table en fer forgé recouverte d'une nappe et d'un bouquet de fleurs annonce déjà la couleur. Ici, on va adorer se laisser surprendre.

La première pièce, dominée par un lustre imposant, accueille quelques tables et sert à la fois de garde-manger. Les murs y sont recouverts d'étagères et de paniers remplis de légumes, choisis par le chef Sami chaque matin. Sa femme Maria y accueille les clients, toujours le sourire aux lèvres. Un peu plus loin, une petite salle au charme bohème à souhait, remplie de tables aux nappes fleuries et de bougeoirs dépareillés, vous accueille pour la soirée. Tandis que les soirs d'été, c'est la cour arrière aux murs bleu aquarelle qui vaut à elle seule le détour.

Côté carte, les plats changent au fil des saisons et de la récolte du marché. Un incontournable malgré tout : les ravioles aux crustacés servies avec une crème aérée à la sauge (18€). On se régale également des épinards aux cèpes sauvages en saison (14€), de Saint-Jacques poêlées servies dans leur coquilles (15€), ou encore de tagliatelles de calamar aux jus d'herbes aromatiques (14,50€). Les vins ne sont pas en reste et sont conseillés par Maria, qui y met beaucoup de cœur.

Ici, chaque geste est exécuté minute, avec beaucoup d'amour et d'attention, ce qui demande du temps. Prévoyez donc d'abandonner votre montre et de vous laisser aller à la magie du lieu une fois la porte poussée. C'est sans aucun doute l'adresse idéale pour une soirée en amoureux, sous l'œil complice de Sami et Maria, à la lueur tamisée de leurs nombreux bougeoirs.

EN   Hidden up a narrow cobbled alleyway off the Rue de Namur, everyone pauses outside "A l'Ombre de la Ville". A little wrought-iron table on the pavement laid with a flower patterned tablecloth gives a glimpse of the interior. You're going to love being surprised in this restaurant.

The first room, overlooked with a massive chandelier, is also a pantry for the kitchen. The walls are lined with shelves and baskets filled with fruit and vegetables that chef Sami selects daily at the market. This is where you'll be welcomed by his wife, Maria, whose good mood is contagious. Next is a charming bohemian styled dining room in which all the table are set with mismatched cutlery and glassware. And in the summer, the interior courtyard with turquoise washed walls is where you'll want to have dinner.

The menu changes with the seasons and depending on what Sami buys in the market, but if they have it do try the seafood ravioli with sage cream (18€). We also love the wild spinach with boletus mushrooms (14€), the roast scallops served in their shells (15€), and the calamari tagliatelle with fresh herb sauce (14.50€). The wines, selected and explained by Maria, should not be neglected either.

At A l'Ombre de la Ville, everything is extremely carefully executed, with a lot of love and care. Do plan to completely abandon your watch and your sense of time as soon as you step in, and let yourself go to the magic of the night. We couldn't imagine a better place for a romantic evening in the glowing candlelight.

Certo

Cuisine romaine / *Recipes from Roma*

48 rue Longue Vie
1050 Ixelles
+32 473 49 64 93
certo.me

Plats / Main courses: 12€ - 15€
Terrasse / Terrace

FR C'est un vendredi midi, la semaine suivant tout juste l'ouverture, que nous franchissons la porte de l'ancien Unico, entièrement métamorphosé et affichant désormais les lettres Certo sur sa vitrine.

Certo est la nouvelle adresse de Federico Mazzoni, romain de souche œuvrant au célèbre Caffè Al Dente depuis des années. Avec l'aide des architectes Lhoas&Lhoas, de sa femme graphiste et de son chef sicilien, il transforme avec justesse cet endroit cosy et chaleureux, en un lieu teinté de blanc, bleu et vieux rose. Le ton change mais l'histoire reste la même. On vient ici pour se sentir comme à la maison, parmi tout juste une vingtaine d'autres convives, et déguster une cuisine italienne justement exécutée et accompagnée d'un bon verre de vin.

La carte est courte et change au fil des semaines. On y retrouve de grands classiques qui mettent parfaitement en valeur la simplicité de la cuisine italienne: carpaccio di manzo, caponata sicilienne, calamarata au ragoût de saucisse, spaghetti Cacio e Pepe (poivre noir du moulin et pecorino dans la plus pure tradition romaine), ainsi que de très bons fromages transalpins que l'on déguste avec joie sur du pain confectionné quotidiennement par Damien Bouchery. Bonheur.

EN A week right after the restaurant reopened, we decided it was time to push the doors of what used to be our neighbourhood beloved Italian, Unico. The windows were now displaying strong blue rounded letters on each window, forming the name Certo.

Certo is the brainchild of Federico Mazzoni, originally from Rome, who has managed the famous Caffè al Dente for years. With Lhoas&Lhoas architects, his Sicilian chef and his graphic-designer wife, he has transformed this warm, cosy restaurant without altering its spirit. The tiny dining room looks fresh and crisp, the decor mostly white with blue and pink accents. The owners and the interior have changed but the story stays the same. You'll come here for authentic Italian produce and wine, together with about twenty other guests. And it still does feel like home.

The menu is quite short and changes more or less weekly, including classics like Sicilian caponata and carpaccio di manzo, along with calamarata pasta with Italian salsiccia, or spaghetti *cacio e pepe* (pecorino cheese and fresh black ground pepper), highlighting the simplicity of the Roman cuisine. Finish with a plate of delicious cheese and a basket of Damien Bouchery's freshly baked bread. Heaven.

Delizie della Mamma

Pâtes fraîches maison / *Fresh homemade pasta*

36 rue Saint-Boniface
1050 Ixelles
+32 2 513 03 23
deliziedellamamma.be

Pâtes fraîches / Homemade pasta: 11 € - 13 €
Terrasse / Terrace

FR Soutenus par la *mamma* de la *mamma* dès le premier jour de l'ouverture, ce petit restaurant spécialisé dans les pâtes fraîches est le fruit d'une longue transmission de recettes de mère en fille, depuis des générations.

Amélia, la Mamma qui tient le restaurant et gère également la cuisine, a elle-même tout appris de sa maman Monica. Pas étonnant d'y être donc accueilli comme à la maison, comme si l'on rentrait chez ses parents le dimanche pour un dîner en famille.

Amélia prépare la pâte tous les matins, qu'elle décline ensuite sous différentes formes de pâtes fraîches. Tortellini, gnocchi, tagliatelle, ou encore passatelli; d'épais spaghetti préparés avec des miettes de pain et du parmesan, une spécialité d'Émilie-Romagne d'où est originaire son mari.

Amélia est quant à elle originaire de Bologne et prépare la sauce *al ragù* comme personne. On vous conseille d'en faire l'expérience dans ses lasagnes (12 €) dont les couches de pâte fines et légères sont généreusement recouvertes de cette sauce préalablement mijotée pendant des heures. Une merveille qui ne reste même pas sur l'estomac. Amélia nous recommande également ses raviolis à la bourrache (13 €), une spécialité qu'on ne trouvera chez Delizie della Mamma que pendant la saison.

Pour respecter les recettes de ses aïeules dans la plus pure tradition, tous les ingrédients sont importés directement d'Italie par Amélia et son mari. Chaque année, ils ramènent notamment des caisses entières de basilic frais et de parmesan qu'ils transformeront ensuite en pesto maison pour une année entière. Le genre d'adresse qu'on regrette de ne pas avoir découvert plus tôt.

EN The "Mamma della Mamma" was here to make the fresh pasta herself on the restaurant's opening night. Delizie della Mamma is specialized in fresh homemade pasta and is the result of mother-daughter transmission for generations.

Amelia, the Mamma who runs the restaurant and kitchen, learned everything from her mother Monica. So when she greets you with a broad smile and a warm welcome, it's not surprising that eating there feels a bit like going home for Sunday lunch.

Amelia makes pasta dough every morning, which she uses for tortellini, gnocchi, tagliatelle, or passatelli – thick spaghetti with parmigiano and breadcrumbs, a recipe from her husband's birthplace Emilie-Romagna. Amelia is from Bologna, and makes *al ragù* sauce like no one else. We recommend you try it in her delicious lasagna with thin layers of fresh pasta covered in rich *al ragù* (12€). A real treat that is somehow surprisingly light. She also recommends her borage ravioli in season, another specialty of hers.

To respect their family traditions, all of their ingredients are brought back from Italy by Amelia and her husband who make several trips a year. Each time, they bring back huge boxes of basil and parmesan, which they will turn into delicious homemade pesto as soon as they land in Brussels. We only wish we'd discovered this place sooner.

Hortense & Humus

Cocktails & cuisine végétale / *Vegetarian food & cocktails*

2 rue de Vergnies
1050 Ixelles
+32 474 65 37 06

Menu 4 services / 4-course menu : 32€
Cocktails : 12€

FR   D'abord installé en 2013 dans les caves du Sablon, Hortense a alors tout d'un *speakeasy* dont le bouche à oreille fait rapidement le tour de Bruxelles. À l'époque, pas d'enseigne mais un passage vers une cave en briques abritant un bar à cocktails intimiste, parfaitement caché des passants.

On y déguste des cocktails aux saveurs tantôt fumées et boisées, sures ou encore végétales, et à chaque fois, le savoir-faire de Matthieu Chaumont met tout le monde d'accord. En ce début d'année 2017, Hortense pousse la porte de La Mercerie pour y recréer ce bar à cocktail devenu un incontournable de la capitale. C'est la naissance d'Hortense&Humus, une association entre Matthieu Chaumont au bar et Nicolas Decloedt en cuisine, qui signent ensemble un restaurant d'un nouveau genre.

Nicolas travaille un menu dégustation de saison entièrement végétal, le midi comme le soir, en symbiose parfaite avec le travail de mixologie de Matthieu. Dans l'assiette, c'est un véritable arc-en-ciel de couleurs et à chaque bouchée, une explosion.

Ses crackers signature, à base d'anciennes variétés de froments, sont servis avec un houmous de salsifis pourpres. La première entrée du menu lunch (23€ en trois services) est une combinaison de betteraves multicolores, de crème crue et de cerfeuil. C'est frais et c'est un délice pour les yeux comme pour les papilles. Le plat, des radicchio rôtis avec des shiitake et un bouillon fumé, nous fait presque l'effet d'un plat de viande. On termine sur une panna cotta au butternut, ruban de potimarron, glace au poivre de Sichuan et petit beurre. Un repas tout en légumes, au summum de leur gourmandise.

EN   When it first opened in 2013 in a cellar in Sablon, Hortense was a speakeasy and word quickly spread around Brussels. Back then, there was only an anonymous hidden passage leading to a brick cave hosting one of the most intimate cocktail bars, totally invisible from the street.

Smoked, sour, bitter or even plant-based : everyone loved Matthieu's cocktails. At the beginning of 2017, Hortense moved to its current location in what used to be La Mercerie. Spirits bottles, candles and succulents have replaced the faded pink ceramic flowers on the shelves. No more pink nor light blue here but golden shades and candles and an open kitchen from which we can watch Matthieu making cocktails. This new location marks the birth of Hortense&Humus : Matthieu Chaumont behind the bar and Nicolas Decloedt in the kitchen, working together to create a new type of restaurant.

Nicolas had designed a completely plant-based seasonal tasting menu, which matches Mathieu's mixology perfectly. On the plates, the dishes look like rainbows and every mouthful is an explosion of flavors. Nicolas' signature crackers, made with traditional wheat varieties, are served with purple salsify humus. For the first course of the tasting menu (a 3-course lunch for 23€) we had a combination of colorful beetroots, raw cream and chervil. Fresh, beautiful, and delicious. The main dish, roasted radicchio with shiitake mushrooms and smoked broth, almost tasted like a meat dish. We finished on a sweet note with butternut panna cotta, pumpkin ribbons, Sichuan pepper ice-cream and biscuits. A completely vegetarian meal, as hearty and delicious as it gets.

Izakaya

Petits plats japonais / *Japanese small plates*

123 chaussée de Vleurgat
1050 Ixelles
+32 2 648 38 05

Otsumami : 2,50€ - 18€
Lunch : 10€ - 18€

FR   Izakaya est un vrai petit coin de Japon à Bruxelles. D'origine japonaise pour la plupart, les serveurs ne manquent jamais de vous accueillir avec de tonitruants « *Konichiwa!* » dès votre arrivée et de vous saluer de grands « *Arigato gozaimasu* » à votre départ. On en oublierait presque quelques secondes qu'on se trouve sur la chaussée de Vleurgat et non en plein cœur de Tokyo. Comme dans les *izakaya* traditionnelles nippones, on sert ici une grande variété d'*otsumami*, des petits plats à partager. Le midi, ramen et bentos viennent compléter le tableau, dans une formule lunch super abordable allant de 10 à 18€.

Mais si vous venez ici le soir, ce qu'on ne saurait trop vous recommander, laissez-vous aller à commander un peu de tout, vous ne le regretterez pas. Dans les suggestions, on vous conseille le sashimi de daurade tendre à souhait et l'aubergine grillée au miso, deux incontournables. On commande ensuite à sa guise, en fonction de la taille de son groupe, des gyozas, tempuras, takoyaki (boulettes de poulpe), des brochettes ou du poisson grillé. La carte est longue et les propositions toutes plus alléchantes les unes que les autres.

Pour une immersion totale, asseyez-vous au comptoir, face au chef en train de découper le poisson avec une extrême précision, tout en envoyant des consignes en japonais à l'autre bout de la cuisine. Pour terminer, ne faites pas l'impasse sur les mochi, des petites boules de glaces enrobées de feuilles de riz et servies piquées sur des cure-dents. L'endroit étant grandement sollicité, on vous conseille vivement de réserver.

EN   Izakaya is a tiny bit of Japan in Brussels. The cooks all come from Japan and will greet you with loud "Konichiwa" as soon as you arrive and "Arigato Gozaimasu" when you leave. For a few seconds you almost forget you are on Chaussée de Vleurgat and not in the heart of Tokyo. As traditional Japanese izakayas, they prepare a wide variety of otsumami – small sharing plates, much like tapas. At lunchtime, they also serve ramen and bentos as part of a very affordable set menu ranging from 10 to 18€.

But come here at night, which we strongly advise, and let yourself go – order some of everything. We promise you won't regret it. Try the sea bream sashimi, which just melts in the mouth and the roasted eggplant with miso, definitely our two favorites. Then, depending on the size of your party, order gyozas, tempuras, grilled skewers, takoyaki (octopus balls) or grilled fish. The menu is long and every dish sounds more amazing than the next.

To complete the experience, sit at the bar facing the chef as he slices fish with extreme accuracy whilst shouting orders in Japanese across the kitchen. To finish, don't miss the mochis – or yukumi daifuku: small ice-cream balls wrapped in rice paper then served on a tooth-pick. And as this place is increasingly popular, it's always a better idea to reserve ahead.

Kitchen 151

Cuisine israélienne / *Israeli cuisine*

145 chaussée de Wavre
1050 Bruxelles
+32 2 512 49 29
facebook.com/kitchen151brussels

Plats / Main courses : 14€ - 20€
Terrasse / Terrace

FR Lorsque Simona et Tim ouvrent leur galerie en 2013, ils n'imaginent pas que moins d'une année plus tard, ils ouvriront un restaurant du même nom à quelques pas de celle-ci. Avant de s'installer à Bruxelles pour rejoindre son bien-aimé, Simona a grandi en Israël où sa famille d'origine marocaine a immigré dans les années soixante. Depuis toute petite, la cuisine est profondément ancrée dans ses racines, élevée dans une culture où chaque célébration semble être prétexte à un festin. Tim, d'origine anglaise élevé à Madagascar, a connu la même culture des épices, des odeurs de marchés et des grandes tables partagées. L'ouverture de Kitchen 151 s'impose donc au couple comme une évidence, une manière de partager leur passion commune avec le reste du monde.

Simona nous raconte que sa cuisine est avant tout inspirée d'Israël, un carrefour géographique où plus d'une vingtaine de cultures se rencontrent. Sa cuisine se veut simple, réconfortante et surtout pleine de goût. La carte de Kitchen 151 est donc volontairement courte, avec quelques variations de semaine en semaine. Nous y avons dégusté une salade de pastèque, feta, menthe, olives noires et oignons rouges (8€) explosive de fraîcheur, suivie d'une aubergine fumée accompagnée de tahine et de graines de grenade (10€) et de kefta d'agneau aux herbes fraîches (18€). En bouche, c'est une véritable fête du début à la fin.

Quant au nom, il leur a été inspiré par l'adresse de la galerie, initialement située au numéro 151 de la chaussée de Wavre. Depuis peu, la galerie a déménagé au numéro 147, littéralement à côté de la cuisine. Mais si le chiffre 151 n'est plus l'adresse officielle d'aucune des deux maisons, il est resté le point de départ de l'histoire de Tim et de Simona.

EN When she opened Gallery 151 with her partner Tim in 2013, Simona had no idea she would open Kitchen 151 a few doors up, less than a year later. Before moving to Brussels, she grew up in Israel, where her Moroccan family had migrated back in the 60's. Ever since she was four, cooking has been part of her life : every important event or celebration seemed to revolve around food. Originally from England but raised in Madagascar, Tim also grew up in a culture of spices, market scents and big shared tables. Both of them equally passionate about art and food, opening Kitchen 151 was an obvious step in celebrating both their cultures.

Inspired by all the lands around the Mediterranean, Simona says her main influences remain from Israel – a crossroad for over twenty different cultures. Her food is all about comfort and flavors and is deliberately simple, with a short menu that changes from week to week. We tried a super-fresh watermelon salad with feta, black olives, mint and red onions (8€), followed by smoked eggplant with tahini and pomegranate seeds (10€) and delicious lamb kefta meatballs with fresh herbs (18€). Everything was remarkably tasty.

As for the name, although it was named after Gallery 151's initial location, it just jumped to number 147, right next to the restaurant. But never mind, to Tim and Simona the number symbolizes the place where their story began.

Le Tournant

Cuisine de bistro inspirée / *Inspired bistro cuisine*

168 chaussée de Wavre
1050 Ixelles
+32 2 502 61 65
restaurantletournant.com

Menu 4 services / 4 - course menu : 39€
Accord vins / Wine pairing : 21€
Terrasse / Terrace

FR Implanté sur la chaussée de Wavre depuis déjà 16 ans et tenu depuis quatre ans par le chef Denis Delcampe, le Tournant est une invitation au bien-manger et à la détente. On y vient pour un lunch, un plat mijoté ou encore un menu découverte en 4 services (39€), qu'on se réjouit d'accompagner d'un accord vins natures pour un véritable voyage gustatif.

On se souvient de la première entrée à notre dernier passage, un saumon cru accompagné d'une asperge blanche délicieusement rôtie qui nous en avait mis plein les yeux. Le plat principal, dans un esprit un peu différent, était plus réconfortant mais nous a séduites tout autant avec une viande de bœuf très tendre, une purée de pommes de terre et quelques légumes grillés. Au Tournant, on prépare une cuisine de bistro, gourmande et généreuse, avec des cuissons justes et des produits de qualité. Si vous aimez vous laisser surprendre, on vous conseille vivement d'oublier la carte et de choisir le menu quatre services, aux associations plus inventives, qu'on accompagnera de délicieux vins natures (21€ l'accord), provenant pour la plupart de chez Titulus. Le dessert, un sabayon accompagné de sorbet de pêche blanche, pêche blanche fraîche et moelleux au chocolat, a fini de nous convaincre.

Entre le vieux carrelage, le mobilier assez brut, et le service, il règne dans cet endroit une ambiance assez masculine qui nous plait vraiment. Car c'est une bande de potes passionnés de bon vin et de bonne cuisine, qui sont à l'origine de Titulus d'une part, et du Tournant de l'autre. On aime venir ici en amoureux ou conseiller cet endroit à des amis qui souhaiteraient passer une soirée entre mecs, pour se régaler d'une viande excellente et de très bons vins natures.

EN Already sweet sixteen, and run by chef Denis Delcampe for the last four years, Le Tournant is a place to take time to unwind and eat well. We love their lunch menu, their Caribbean-inspired stews or their evening 4 - course tasting menu (39€) paired with natural wines (21€) for a real culinary journey.

Last time we went, we had a memorable starter: raw salmon served with delicious roasted white asparagus. The main dish, more on a comforting note, was a tender piece of beef with mashed potatoes and grilled vegetables. Le Tournant serves bistro cuisine, hearty and generous with perfectly cooked meats and quality ingredients. If you like surprises, go for the tasting menu: its ingredient combinations are inspired and match their natural wine pairings perfectly, mostly coming from Titulus, right across the street. The dessert, a sabayon with peach sorbet, fresh white peaches and chocolate fondant, was a perfect end to this beautiful dinner.

The decor, with its old tiles and raw wooden furniture, makes for quite a masculine atmosphere, which we particularly love. It was a group of wine and food lover friends who opened Titulus on one side of the street and Le Tournant on the other. We love to come here for a date or recommend this place to a group of guy friends, whom we know will, for sure, enjoy the great meat and natural wines just as much as we do.

Osteria Bolognese

Recettes de Bologne / *Recipes from Bologna*

49 rue de la Paix
1050 Ixelles
+32 2 608 51 54
osteriabolognese.be

Pâtes / Pasta : 14€ - 20€

FR Depuis son ouverture en 2014 sur la rue de la Paix, l'Osteria Bolognese n'a jamais désempli. Giacomo, le propriétaire du lieu, a directement vu le potentiel de cet espace avec sa grande baie vitrée, qu'il a rapidement investi comme une véritable *osteria* italienne. La déco y est chaleureuse et pleine de charme. Des chaises en bois rouges sont disposées autour des tables recouvertes de nappes à carreaux et de sets en papier, tandis que sur le mur, un grand tableau noir reprend les suggestions du jour. On aime particulièrement le clin d'œil au petit cochon, symbole du restaurant, que l'on retrouve un peu partout dans la déco : en miniature sur les étagères ou en peluche accroché au porte-manteaux.

C'est ici qu'on se délecte de la véritable tagliatelle *al ragù* (14€), dont la recette est originaire de Bologne. Mais c'est près d'une petite dizaine de plats de pâtes qui figurent sur le tableau des suggestions, toutes plus alléchantes les unes que les autres. Parmi nos favorites, les *gramigna di salsiccia*, des petites pâtes torsadées à la saucisse, une recette traditionnelle d'Émilie-Romagne, et également la préférée de Giacomo. On a aussi eu l'occasion de goûter à d'excellentes ravioles au radicchio et stracchino, un fromage au lait de vache à la pâte tendre et douce, et à leur incontournable planche de charcuterie et de fromages servie avec des petits beignets. Un moment de gourmandise inégalable.

Vu la difficulté d'avoir de la place à l'Osteria Bolognese, on vous conseille de venir soit le midi, soit très tôt le mercredi soir. Le mercredi est l'unique jour où le restaurant ne prend pas de réservation, et a été notre meilleur allié jusqu'à présent pour y obtenir une table.

EN Osteria Bolognese hasn't gone a single day without being fully booked since it opened. The minute he saw the space with its big front window, Giacomo, the owner, recognised that it would make a real Italian "osteria". The decor is warm and full of charm. Red wooden chairs stand around small tables laid with checked tablecloths and paper placemats, and a big blackboard of daily suggestions hangs on the wall. We particularly love the little pig, which is hidden in all sorts of details, from miniatures on the shelves to a stuffed one hanging from the coat rack.

Try their fabulous tagliatelle *al ragù* (14€), prepared from the original recipe from Bologna. As well as the tagliatelle, a dozen other delicious pasta dishes are available daily. Another of our favorites is the *gramigna di salsiccia*; small twisted pasta with sausage, a traditional recipe by Emily-Romagna - also Giacomo's favorite. We also tried their excellent radicchio and stracchino ravioli, and their fabulous cheese and cold meats platter, served with homemade fritters: something you should try at least once in your life.

Seeing how hard it is to get a table at Osteria Bolognese, we recommend you book for lunch or to show up early on a Wednesday night. It's the only night they don't take reservations and it has been our best chance to get a table there so far!

Racines

Cuisine italienne du marché / *Seasonal Italian cuisine*

353 chaussée d'Ixelles
1050 Ixelles
+32 264 29 590
racinesbruxelles.com

Plats / Main courses : 20€ - 36€
Jardin / Garden

FR Racines, c'est l'histoire de Francesco et Ugo, l'un originaire de Florence, l'autre de la région de Capri, amis depuis toujours et tous deux passionnés par la cuisine et les produits italiens. C'est à la fois un restaurant, une épicerie fine et une scène où viennent de temps à autre se produire des musiciens. Mais c'est surtout un lieu où l'on est toujours accueilli chaleureusement par l'accent chantant de Francesco et où, à chaque bouchée, la cuisine d'Ugo nous emporte en plein cœur de la Méditerranée.

Pas de viande sur le menu mais des produits artisanaux importés d'Italie, des légumes bios et locaux, des herbes fraîches du jardin et des poissons uniquement issus de la pêche sauvage. Du sol jusqu'à l'assiette, chaque ingrédient a été choisi avec soin et chaque artisan et agriculteur traité avec respect. Et c'est chacune de ces étapes de la chaîne de production qu'Ugo et Francesco souhaitent mettre à l'honneur dans leur restaurant.

Sur le grand mur rouge, des suggestions plus alléchantes les unes que les autres, que Francesco se fera un plaisir de venir vous expliquer à votre table. On retient la ricotta salée cuite au four avec ses tomates séchées maison, la Crespelle à la florentine – une délicieuse crêpe à base de farine de pois chiche farcie de mozzarella de Buffalo –, la soupe de pois cassés aux cèpes, la lotte cuite en papillote ou encore la parmigiana à base de céleri rave. Avec quoi Francesco vous conseillera de délicieux vins italiens bien sûr.

En été, on profite de leur superbe jardin pour l'apéro ou pour s'installer au soleil à midi. Une de nos meilleures adresses italiennes.

EN Racines is the story of Francesco and Ugo, from Florence and Capri respectively, friends since they can remember and both passionate about Italian produce and cuisine. Racines is both a fine grocery and a restaurant, where musicians come once a month and play for the guests. But most importantly, Racines is where you'll always be warmly greeted by Francesco and his lilting Italian accent, and where Ugo's dishes will take you sailing across the Mediterranean.

There is no meat on the menu, but lots of handmade products imported straight from Italy : organic and local vegetables, fresh herbs from the garden and wild fish. From the field to the plate, every single ingredient has been carefully chosen, and each farmer and supplier treated with respect. It's all these lesser known steps of the food chain that Ugo and Francesco strive to highlight in their restaurant.

On the red wall there are only attractive suggestions that Francesco will come and explain straight to your table. Particularly memorable was the salted, baked ricotta with homemade sun-dried tomatoes, the Crespelle alla Fiorentine (a delicious chickpea flower crepe filled with Buffala mozzarella), the broad bean and boletus soup, the oven baked monkfish and the celeriac parmigiana. All amazing dishes with which Francesco pairs a great selection of Italian wines.

In summer, their big garden is perfect for a drink, or for a long lunch in the sun. One of our favorite Italians.

Le Petit Canon

Bar à vins natures / *Natural wine bar*

91 rue Lesbroussart
1050 Ixelles
+32 2 640 38 34

Vin au verre / Wine by the glass : 4€ - 7€
Portions apéro / Small plates : 2€ - 20€
Terrasse / Terrace

FR Le Petit Canon est un bar à vin cosy, situé à deux pas de la Place Flagey, au croisement de la rue de Henin et de la rue Lesbroussart. Une pièce aux murs bleu ciel divisée en deux : une cuisine ouverte délimitée par un grand bar en bois et une petite salle décorée d'appliques vintages, de photos jaunies épinglées aux murs et de petits lampions, pour qu'on s'y sente juste comme à la maison. On aime s'y retrouver pour un verre de vin nature accompagné de rillettes, de bruschetta à la mozzarella de Buffala, ou encore d'une conserve de poulpe accompagnée d'un trait de citron et de pain toasté. Chaque semaine, des tableaux noirs reprennent les suggestions de vins au verre et de petits plats à grignoter pour l'apéro. C'est simple, c'est bon et c'est toujours fait maison.

Dès que le soleil se pointe, la terrasse en angle est prise d'assaut pour l'apéro. On aime y passer de longues soirées à discuter, un spritz à la main, sans remarquer le temps passer. Sans hésiter, une de nos adresses préférées à Flagey.

EN Le Petit Canon is a cosy wine bar, located on the corner of Rue Lesbroussart and Rue de Henin, just a step off Place Flagey. A single room with baby blue walls divided into an open kitchen with a big wooden bar, and a seating area decorated with vintage lamps, faded photos pinned to the walls and comfortable cushions to lay back with a drink. All the necessary elements are gathered to make you feel completely at home. We love to meet friends here to enjoy a glass of natural wine with rillettes, bruschetta with mozzarella di Buffala or a simple octopus tin with a splash of lemon juice and toast. The week's wine-by-the-glass and food suggestions are written on the blackboard. The food is delicious and homemade by the little team, and the menu is shot through with summer sunshine.

When the warmer days arrive, this street corner terrace is flooded with people until the sun goes down. We love to sit out and chat for hours with a glass of spritz, without noticing the time go by. One of our favorite spots in Flagey.

Stéphanie, Marolles, Sablon

God Save the Cream

Néocantine / *New-age canteen*

131 rue de Stassart
1050 Ixelles
+32 2 503 07 75
godsavethecream.be

Plats / Main courses : 14,50€ - 17,50€

FR Ouverte depuis déjà janvier 2013, la petite salle vert canard de God Save the Cream n'a jamais désempli depuis. Rien d'étonnant puisque tout ce que l'on sert dans cette néocantine est sain, frais, fait maison et surtout incroyablement gourmand. Pas question de prendre la provenance des produits à la légère non plus : ici tout est bio et en grande majorité local.

On adore la formule de l'assiette à composer soi-même (14,50€), même s'il est extrêmement difficile de faire un choix parmi les dizaines de préparations colorées disponibles dans le grand comptoir. On fond pour l'aubergine confite marinée au dashi, pour les carottes rôties à la mélasse de grenade et coriandre fraîche ou encore pour les aiguillettes de poulet à la citronnelle et au citron kaffir. Et si on souhaite s'immerger dans la culture anglaise, God Save the Cream propose également des *pies*, de savoureuses tourtes au bœuf, aux pruneaux et à la bière, recouvertes d'une pâte maison (16€), et également servies avec plusieurs préparations de légumes.

Mais le vrai moment de gourmandise arrive lors du dessert, quand il faut choisir entre les diverses suggestions d'inspiration anglaise : tartelette au lemon curd, victoria sponge, lemon posset et son coulis de fruits de la passion ou encore croquant au caramel et noix de pécan. Ici, la cuisine est axée autour du plaisir et le désir des fondateurs est de proposer des plats qu'ils aimeraient manger eux-mêmes. Une devise qui se ressent à travers chaque moment passé entre les murs de God Save the Cream.

EN Since it opened in 2013, the cosy dark green dining room at God Save the Cream has been filled with happy customers, which isn't surprising as everything served here is fresh, healthy, entirely homemade and best of all, incredibly delicious. Sourcing products is very important to the team here, and all the ingredients are organic and mostly local.

We like choosing from the colorful dishes behind the counter to make our own combinations (14.50€), although the choice can be extremely tricky. We particularly love the slow-roasted eggplant with homemade dashi, the roasted carrots with pomegranate syrup and fresh cilantro and the chicken with lemongrass and kafir lime. But to unearth the British roots of the founders, try the savoury pies, filled with beef, prunes and beer covered with homemade pastry and served with vegetables (16€).

But the best is yet to come. For dessert, you will get to choose between an attractive list of English inspired treats like lemon curd tarts, Victoria sponge cake, lemon posset with passion fruit coulis, and caramel cake with pecan nuts, to name a few. At God Save the Cream, it's all about pleasure and the team only serve things they'd love to eat themselves.

Beli

Cuisine libanaise / *Lebanese cuisine*

11 rue Joseph Stevens
1000 Bruxelles
+32 2 538 88 88
restaurant-beli.com

Mezze : 4€ - 12€
Brunch : 22€

FR Depuis toute petite, Caroline rêvait d'avoir son propre restaurant. C'est après un séjour à Londres dans l'hôtellerie avec sa sœur Sandy que les deux filles, respectivement formées en droit et en communication, ont finalement le déclic. Au printemps 2016, elles ouvrent avec Martine Sarafian, leur maman, un restaurant libanais pile-poil entre le Sablon et les Marolles et à mi-chemin entre la Belgique et le Liban. «Beli», réunissant les premières syllabes des mots Belgique et Liban, est pour elles la parfaite expression de leur double culture. Un restaurant Libanais oui, mais sans être trop traditionnel non plus.

Les deux pièces du restaurant sont lumineuses et joliment décorées d'ampoules à filaments, de banquettes en tissu et de coussins colorés, de fleurs fraîches et d'une quinzaine d'illustrations de Beyrouth encadrées et accrochées au mur. À l'entrée, un citronnier rappelle aux clients qu'ils s'apprêtent à plonger en plein cœur de la Méditerranée.

Côté cuisine, les trois filles ont engagé de talentueux chefs syriens réfugiés pour qui elles ont eu un véritable coup de cœur. Ensemble, et malgré la barrière parfois difficile de la langue, ils ont défini une carte centrée autour des mezze, des petits plats à partager, représentant au mieux la cuisine de la famille Sarafian-El Chalouhi. Et en plus des traditionnels et délicieux caviars d'aubergine, feuilletés au fromage et autres falafels, on y déguste aussi du pain de viande, un carpaccio de betterave et des scampis à l'ail pour une touche un peu plus belgo-libanaise.

EN Ever since she was a kid, Caroline had been dreaming of opening her own restaurant. After working in London with her sister Sandy in the hospitality business, they both came to the same realisation. Back in Belgium in 2016, together with their mother Martine Sarafian, they opened Beli, located right between Sablon and Marolles, but in spirit halfway between Belgium and Lebanon. The name was made by taking the first syllable of each country to form the word "Beli". It's definitely a Lebanese restaurant, but not a traditional one.

Both dining rooms are bright and nicely decorated with naked hanging light bulbs, wooden tables, colorful cushions, fresh flowers and about a dozen of framed pictures of Beirut on the walls. At the entrance, a lemon tree announces the Mediterranean flavor, and in the kitchen, the three woman have hired talented refugee chefs from Syria.

Together, despite the occasional communication glitch, they have designed a menu centred around mezze, as close as possible to the Sarafian-El Chalouhi family's culinary traditions. As well as the traditional and delicious eggplant caviar, cheese pastries and falafels, there are also a few Belgian dishes on the menu, including homemade veal meatloaf, beetroot carpaccio or garlic prawns.

Gazzetta

Pâtes du jour / *Pasta of the day*

12 rue de la Longue Haie
1000 Bruxelles
+32 2 513 92 13
gazzetta.be

Pâtes du jour / Pasta of the day : 14,50€
Terrasse / Terrace

FR   Petite sœur du réputé Caffè al Dente, la Gazzetta n'en vaut pas moins le détour. Si cette trattoria moderne est presque cachée, placée en retrait de l'avenue Louise, cela ne l'empêche pas d'être bondée à toute heure de la journée.

On vient à La Gazzetta dès le matin, pour prendre un croissant et un café, accoudé au comptoir en marbre de la cuisine ouverte. À midi comme le soir, pour goûter aux pâtes du jour, assis à une table haute. Et enfin, dès l'arrivée des beaux jours, pour déguster un spritz et une burrata sur la petite terrasse en angle afin de bien commencer la soirée. L'endroit ne désemplit donc jamais mais ça ne fait rien. On commandera un verre de vin italien et une assiette de charcuterie qu'on dégustera debout en attendant qu'une table se libère.

Les pâtes du jour (14,50€), simples et délicieuses et surtout toujours parfaitement al dente, justifieront à elles seules notre présence. Déclinées en autant de versions qu'il existe de recettes de pâtes italiennes, on goûte tantôt à des rigatoni à la ricotta et aux zestes de citron, tantôt à des orecchiette aux aubergines et pecorino ou encore à des linguine avec de la guanciale. Pour les puristes, les pâtes à la sauce tomate fraîche et au basilic (13€) sont, quant à elles, toujours disponibles à la carte.

Dans la petite salle, tout a été dessiné sur mesure. Des tables hautes en bois clair serties de banquettes et de tabourets longent les fenêtres tandis qu'une suspension centrale fait à la fois office de lampe et d'étagère. De la rue, on reconnait directement ce petit resto à sa vitrine où le mot Gazzetta y a été apposé en lettrage doré.

EN   The little sister of the famous Caffè al Dente, Gazzetta is just as worth a visit. Despite being slightly hidden, set back from Avenue Louise, it is crowded all day long.

Gazzetta is the perfect place to enjoy an espresso and a croissant in the morning, sitting at the marble counter facing the open kitchen. For lunch or dinner, try the pasta of the day at one of their high wooden tables. And as soon as summer starts, start the evening properly with a spritz and a burrata out on their terrace. The place simply never empties. But don't worry, you can enjoy a glass of Italian wine and a plate of charcuterie while you wait for a table.

Alone, the pasta of the day (14.50€) is worth the trip: simple, delicious and always perfectly "al dente". There are just as many versions as there are Italian pasta recipes;penne al'arrabiata, rigatoni with ricotta and lemon zest, orrechiete with guanciale and pecorino are just a few you might come across. For lovers of simplicity, their linguine with fresh tomato sauce and basil (13€) is permanently on the menu.

The decor in this tiny restaurant has been custom designed, from the high wooden tables with benches lining against the windows to the central glass suspension, which acts as both a light source and a shelf for storing Italian treats. You'll easily recognise the place from across the street by the big golden letters spelling out the name Gazzetta.

Lakhdar

La restauration mise en scène
Restaurants as backdrops

FR Lakhdar est le créateur et le « metteur en scène » de nombreux restaurants italiens de la scène bruxelloise. On compte parmi eux le Mano a Mano, le Caffè al Dente ou encore la Gazzetta. Aujourd'hui, il est également cofondateur de La Nebbia et importateur de vins italiens.

EN Lakhdar is the creator and «set designer» of numerous Italian restaurants in Brussels. Among them, the veritable institutions Mano a Mano, Caffè al Dente and Gazzetta. He also co-founded La Nebbia, and imports Italian wines which are enjoyed across Brussels.

Qui es-tu?

J'ai commencé mon parcours en travaillant dans le cinéma. C'est un héritage familial, on y est tous passé à un moment donné, car on est à la base une famille de cinéastes. Je pense que le fait d'avoir travaillé dans le cinéma m'a donné un certain point de vue sur les choses, un certain regard, qui a beaucoup influencé, plus tard, ma façon de faire des projets: faire attention à la lumière, à la circulation, à la manière dont les clients sont accueillis. En fait ça a beaucoup influencé ma vision de mise en scène d'un concept de resto. En travaillant sur un long-métrage, j'ai rencontré un chef et on a décidé d'ouvrir un restaurant dans un hôtel qu'avaient mes parents, en bordure du bois de la Cambre. Un de mes meilleurs clients s'appelait Joseph Giammorcaro et venait d'une famille de restaurateurs italiens classiques. Il a voulu qu'on fasse un resto, classique dans ce qu'on allait proposer à manger, mais un peu plus orienté sur le produit et un peu plus moderne. On a décidé de mettre des filles en salle et non pas des italiens austères en chemises blanches et en pantalons noirs. Ça a été le Mano a Mano.

Ton adresse préférée à Bruxelles?

C'est dur... Pas parce que je ne veux vexer personne, mais parce qu'il ne faut en choisir qu'une! J'essaye de trouver celle qui est parfaite... Mon adresse préférée, un restaurant où j'aime beaucoup aller, même si j'y vais moins maintenant, c'est Al Barmaki. Je retrouve ma double culture dans leur clientèle.

Ton souvenir culinaire le plus marquant?

Chez Adeline, au Yam Tcha à Paris, il y a quelques mois. Je n'ai jamais croisé dans une cuisine une femme aussi charismatique et charmante. C'est la première fois qu'en mangeant j'avais l'impression de faire l'amour à une femme. C'était divin. Je suis rentré dans ce restaurant, je l'ai regardée. Elle était belle, elle dégageait un truc de dingue. On sent qu'elle maîtrise sa cuisine et on est tout de suite rassuré, comme par une Mamma italienne. Elle a l'air d'avoir la poigne et la douceur qu'il faut pour diriger ses équipes. Quand les assiettes arrivent c'est juste divin, tout est bon. Et je dois bien avouer que ça a effacé beaucoup de restaurants que j'ai fréquentés auparavant.

Who are you?

I started my career in the cinema industry. It's a family thing; we've all been involved in filmmaking at some point in our lives. I think it gave me a certain view, which has influenced the way I've conceived projects: it made me care about light, settings and most of all, the way customers are welcomed. It plays a big part in how I conceive a restaurant. While I was working on a movie, I met a chef and we decided to open a restaurant in a hotel that my parents owned on the edge of the Bois de La Cambre. One of my best customers, Joseph Giammorcaro, came from a family of Italian restaurant owners. He wanted us to open a traditional restaurant but with better quality ingredients and with a little more adventure. We decided to have girls waiting at tables instead of severe looking Italians in white shirts and black trousers. That was the Mano a Mano.

Your favorite place in Brussels?

It's hard. Not because I don't want to hurt anybody's feelings, but because I can only pick one. I'm trying to think of the one that is just perfect. I'd say my favorite address, a restaurant I love, though I don't go there often any more, is Al Barmaki. I share my dual culture with many of their other customers.

Your strongest food memory?

At Adeline's in Yam Tcha, in Paris, a few months ago. I'd never met such a charismatic and charming woman in a kitchen before. It was the first time I felt as if I were making love with a woman while I was eating. It was divine. When I walked into the restaurant, I simply looked at her. She was beautiful and was giving off such a strong vibe. You can just tell she masters her kitchen and you're immediately reassured, as you would be by a comforting Italian Mamma. She seemed to have both the strength and the gentleness to manage her teams. When the food arrived, it was simply divine, everything was good. And I have to admit it erased a lot of other restaurants from my memory.

Nuovo Rosso

Pâtes dans la poêle / *Incredible pasta*

62 rue du Bosquet
1060 Saint-Gilles
+32 2 538 89 28
facebook.com / nuovorosso

Pâtes / Pasta : 11€ - 28€

FR   Nuovo Rosso, c'est l'adresse que tout bon enthousiaste de ragù di salsiccia se doit de connaître et se refile au creux de l'oreille. L'institution de quartier, celle qui ne déçoit jamais.

Ici, c'est dans l'assiette que tout se joue. Ou plutôt, devrions-nous dire, dans la poêle. Les pâtes, préparées minute, sont apportées à table dans des poêles brûlantes, à partager avec le reste de la table ou à engloutir tout seul.

La spécialité: les *pappardelle al ragù di salsiccia* (17€), de loin les meilleures de Bruxelles à notre avis. Fumantes, elles sont préparées avec de la saucisse, du vin rouge et des oignons rouges. Un incontournable de la maison. Pas loin derrière, les *paccheri del Prete* (17€ également) aux aubergines, tomates cerises et mozzarella. Et si vous êtes là pour fêter quelque chose, on vous conseille de craquer pour les *pappardelle all'Astice* (28€), concoctées avec de la sauce tomate, de l'ail, du vin blanc et un demi homard! Encore vivants à peine quelques minutes plus tôt, vous pourrez difficilement trouver plus frais comme bestioles. Attention par contre à les réserver impérativement par téléphone avant votre arrivée.

Nuovo Rosso, c'est un resto de quartier sans chichis où l'on vient savourer une excellente pasta faite avec beaucoup d'amour et de générosité, entouré d'italiens et de fidèles habitués qui, pour rien au monde, ne changeraient de cantine de quartier.

EN   Nuovo Rosso is a dream destination for all "ragù di salsiccia" enthusiasts, who will love to discreetly pass on the address to their favorite friends. It's the local Italian joint, the one that never disappoints.

Here, the magic happens in the plate, or in the pan, quite literally. The pasta is brought to your table in large steaming pans to share with friends, or feast on all by yourself. The specialty, you might have guessed, is the pappardelle al ragù di salsiccia (17€), by far the best in Brussels, according to us. It is made with Italian sausage, red wine and red onions. A must-try. Not far behind, is the paccheri del prete (17€), with eggplants, cherry tomatoes and mozzarella. And if you're celebrating something special, go for the pappardelle All'Astice (28€) with tomato sauce, garlic, white wine and half a lobster. Still alive a minute before, you'll never find a fresher one. But be sure to pre-order it when you book as they run out fast.

Nuovo Rosso is a place we love and thoroughly recommend. It's not the place you come to for the decor, but it's definitely the one you come to for an authentic and generous plate of pasta, in the company of Italians and devoted local regulars.

San

Bols gastronomiques / *Refined bowls*

12 rue Joseph Stevens
1000 Bruxelles
+32 2 512 42 12
sanrestaurant.be

Lunch : 28€
Menu dégustation / Tasting menu : 55€

FR En décembre 2015, le chef doublement étoilé San Hoong Degeimbre décide d'installer ses nouveaux quartiers à Bruxelles. La première enseigne apparaît rue de Flandres, suivie de près par celle du quartier Sablon à peine une année plus tard.

Une fois la porte poussée, on pénètre dans un décor aux tons vert d'eau et bleu pastel. La cuisine gastronomique de San est ici servie dans un lieu où chaque détail a été pensé et dessiné sur mesure par l'architecte d'intérieur Charlotte Esquenet. Banquettes en tissu bleu, tables rondes, tabourets colorés, murs en briques apparentes et suspension de lierre en fer forgé traversant la pièce de bout en bout. Des détails inspirants et un résultat feutré et intimiste à souhait. Les étagères remplies de bibelots viennent compléter le tout, donnant à l'espace des airs de salon privé.

À la carte, des bols, petits ou grands selon la formule et toujours accompagnés de leur unique cuillère. Chaque recette est une ode à une ville du monde et a été pensée pour rentrer dans un petit bol où chacun des ingrédients trouvera sa place dans une bouchée explosive.

On retiendra le Phuket, à la crevette, mangue verte, papaye et galanga, le Mürringen, au bœuf du limousin, coques, poutargue et bergamote ou encore le dessert signé Binche, à l'orange sanguine, mousse d'orange et madeleine à la verveine. Le tout à déguster dans une formule 5 plats à 55€ ou dans une déclinaison lunch plus abordable à 28€.

EN Having already won two Michelin stars, chef San Hoong Degeimbre set up his new Brussels headquarters in December 2015. His first venue opened on Rue de Flandres, quickly followed by a twin sister in the Sablon less than a year later.

As soon as you step inside, you dive into a myriad of green and blue watercolors. San Hoong Degeimbre's fine cuisine is served in a unique setting, each detail carefully designed by Charlotte Esquennet. Light blue sofas, round tables, colorful stools and wrought-iron ivy slung across the ceiling. The result is amazing but remains cosy and intimate.

At San, you will instantly recognize the chef's creativity and amazing ingredient pairings, but the concept is different from his first restaurant L'Air du Temps. The menu consists of bowls, big or small, always served with a unique spoon. Each recipe is an ode to a city, and each course fits into a small terracotta bowl, each ingredient contributing to an explosive taste sensation.

Especially memorable was the Phuket, with shrimps, green mango, papaya and galanga, the Mürrigen, with Limousin beef, shellfish, bottarga and bergamot, and the dessert named after Binche, with blood orange, orange mousse and verbena Madeleines. All of which meet in the 5-course tasting menu (55€) or in smaller version in the lunch menu (28€).

* Aussi / Also
19 rue de Flandres
1000 Bruxelles
+32 2 318 19 19

Wine Bar des Marolles

Cave à vin et cuisine française / *Wine bar and French cuisine*

198 rue Haute
1000 Bruxelles
+32 496 82 01 05
winebarsablon.be

Plats / Main courses : 21€ - 35€
Terrasse sur demande / Terrace on request

FR Cela fait longtemps que le Wine Bar est devenu pour nous une véritable institution. D'abord installé dans les caves du Sablon, le restaurant déménage avec son propriétaire Vincent Thomaes sur la rue Haute en 2007, renommé depuis Le Wine Bar des Marolles. Mais si le cadre a changé du tout au tout, la cuisine et le charme du restaurant sont restés intacts. On déguste ici une cuisine plutôt classique, plutôt française, dans un décor résolument intime et élégant. Aux murs, des peintures du début du XXᵉ siècle sont accrochées dans d'épais cadres à moulures. Sur les tables, bougies noires ou lampes de chevet Tiffany, c'est selon. Pour un dîner aux chandelles, on choisira l'une des deux petites tables du fond, près de l'escalier, où la lumière tamisée se prête particulièrement aux confidences.

À la carte, Vincent est maître du jeu et ne travaille qu'avec les meilleurs produits. On est conquises par le beurre fermier, fait maison chaque matin, qui fond sur le pain cuit trois fois selon la recette de sa grand-mère. Son blé, comme le reste des produits présents en cuisine, est bio et provient de petits producteurs. Si la carte se veut plutôt canaille, avec des suggestions permanentes comme le fois gras cuit au torchon, fleur de sel et pommes caramélisées (17€) ou les ris et rognons de veau à la moutarde à l'ancienne (25€), elle propose aussi de belles suggestions plus estivales en saison, comme le baby homard (26€) ou la burrata artisanale et légumes grillés (16€). Et bien sûr, comme l'indique le nom, les vins ne sont pas en reste. Laissez-vous conseiller par Vincent, qui se fera un plaisir de vous accompagner tout au long de votre soirée.

EN The Wine Bar has been somewhat of an institution for us for some time now. Initially in Sablon, the owner Vincent Thomaes moved it to rue Haute in 2007, and re-named it The Wine Bar des Marolles. The setting has completely changed but the food and the restaurant's charm are the same. We come here for a traditional French meal in a undoubtedly intimate and elegant setting. Paintings from the early 20th century hang in thick wooden frames and the tables are set with black candles or Tiffany lamps, depending on where you sit. For a romantic dinner, we recommend one of the two tables at the back by the stairs, which are particularly suited to long candlelit conversations.

Food-wise, Vincent only serves the best products. We were seduced by the farm butter, homemade every morning, which melts on the bread, cooked according to his grandmother's recipe. The wheat, like all the other ingredients, is organic and sourced from a small producer. The menu is centered around meats and giblets, with dishes like the delicious homemade foie gras with sea salt and caramelized apples (17€) or sweetbreads with whole-grain mustard (25€), but also has great seasonal suggestions like baby lobster (26€) or burrata with grilled summer vegetables (16€). And of course, as the name suggests, the wines are worth the trip alone. Put yourself in Vincent's hands and let him guide you through the evening.

Chez Richard

Bar & bistro bruxellois / *Belgian bar & bistro*

2 rue des Minimes
1000 Bruxelles
+32 479 61 12 56
facebook.com/chezrichard

Vins au verre / Wine by the glass : 3,50€ - 6,50€
Petits plats / Small plates : 4€ - 12€
Terrasse / Terrace

FR Installé depuis 2016 dans les locaux de l'ancien Richard, c'est presque une nouvelle adresse que l'on voit ouvrir sous le même nom au début de cette année 2017. Si l'intérieur, la carte et l'équipe sont bien nouveaux, l'esprit *brusseleir* est quant à lui resté le même.

Du moins, en grande partie. Artistes, familles et jeunes workers se mélangent désormais avec les vieux de la vieille du Sablon, qui semblerait-il, n'ont pas quitté leur siège malgré la rénovation. Derrière la nouvelle équipe, Fanny Schenkel, Sadri Rokbani, Mallory Saussus et Thomas Kok, à qui on doit déjà les très chouettes Chez Franz et Maison du Peuple. Et si les quatre fondateurs comptent bien donner une nouvelle vie à cette institution, pas question pour autant d'en faire un endroit trop branchouille et inaccessible : ici, les vins au verre commencent à 3,50€ et les petits plats à partager le soir ne dépassent pas les 12€.

C'est qu'on mange bien Chez Richard. Issus en grande partie des cuisines de Nicolas Scheidt (La Buvette, Hopla Geiss, Le Café des Spores), les cuisiniers savent y faire. Avec notre verre de Beaujolais Château Cambon (4,80€), frais, léger et parfait pour l'apéro, on goûte à des lamelles de bœuf argentin, simplement grillées et servies avec du gros sel (9€), à des coques à l'ail et au vin blanc (8€) et, incontestablement, à l'une des meilleures croquettes de crevettes de la ville (6€ pièce). Sous ses airs parisiens, la terrasse aux petites tables bleues ciel est le summum en matière de convivialité bruxelloise, un joyeux melting-pot d'individus issus de tous les horizons, à toute heure de la journée.

EN Located where the previous Chez Richard used to be, it's almost a new bar and bistro that has taken over the corner since early 2017, only with the exact same name. Although the interior, menu and team are all new, the Brussels atmosphere however has remained unchanged.

Or at least, most of it. Artists, families and young workers now mix with the old Sablon crowd, which look as if they've hardly moved an inch from their seats despite the months of renovation work. Behind the new team are Fanny Schenkel, Sadri Rokbani, Mallory Saussus et Thomas Kok, already known for the beloved Chez Franz and Maison du Peuple bars. They are bringing a new life to this renowned institution by keeping the spirit untouched and the offer affordable: a glass of wine starts at 3.50€ and the top priced sharing plate is at 12€.

The food is definitely one of the reasons to visit Chez Richard, as most of the cooks have worked in Nicolas Scheidt's kitchens (La Buvette, Café des Spores, Hopla Geiss) and have a good idea of what they're doing. To go with our glasses of Beaujolais Château Cambon (4.80€), fresh and light, just perfect on a summer evening, we ordered Argentinean beef, grilled and topped with sea salt (9€), delicious clams with white wine and garlic (8€) and what is among the best shrimp croquettes in Brussels (6€ each). Behind its Parisian looks, the terrace is probably one of the friendliest places in town, a happy melting pot of people from all possible horizons at any time of the day.

Cirque Royal, Bourse, Sainte-Catherine

A.M. Sweet

Authentique tea-room bruxellois / *Authentic Belgian tearoom*

4 rue des Chartreux
1000 Bruxelles
+32 2 513 51 31

FR   Dans la rue des Chartreux, derrière une jolie façade toute en boiseries, se cache A.M. Sweet, un tea room plein de charme tenu par Anne-Marie et son mari Gilbert. Une fois la porte poussée, on y découvre un grand comptoir abritant des merveilles pour les amateurs de pauses sucrées : thés Mariage Frères, biscuits Dandoy, chocolats Laurent Gerbaud, cuberdons artisanaux et de délicieuses pâtisseries maison. Le Pavé Bruxellois, la spécialité de la maison à base de petits beurre et de crème au beurre au café, est un incontournable. À déguster avec un thé dans la petite salle du bas, assis sur une chaise en bois à une petite table garnie de fleurs, sous l'œil envieux de leur chienne Cézanne qui ne quitte jamais sa place sur la première marche de l'escalier. Si la salle est pleine, n'hésitez pas à vous aventurer dans la petite mezzanine à l'étage. Avec un peu de chance, vous y trouverez même une place dans le grand canapé.

EN   This charming tearoom run by Anne-Marie and her husband Gilbert lies behind a lovely wooden facade. Step inside, and you'll find yourself facing a big counter full of real treasures for someone with a sweet tooth : Mariage Frères teas, Laurent Gerbaud chocolates, Belgian cuberdons and homemade pastries. Don't leave without trying their Pavé Bruxellois, a house special made of petits beurres biscuits and coffee butter cream. Pure heaven to enjoy with a pot of tea sitting at one of the little tables, under the watchful eye of their dog Cézanne. If the ground floor is full, don't hesitate to go upstairs and explore the low-ceilinged, cosy mezzanine. If you're lucky enough, the comfortable sofa in the back room might even be empty!

Gaston

Glacier artisanal / *Homemade ice-cream*

86 Quai aux Briques
1000 Bruxelles
+32 2 223 43 06
glaciergaston.be

Glace 2 boules / Two scoops : 3,80€
Terrasse / Terrace

FR C'est sur le Quai aux Briques, le long de la fameuse place Sainte-Catherine, que Gaston a ouvert en lieu du regretté glacier Comus & Gastera. Et c'est tant mieux pour nous, un excellent glacier de perdu, un tout aussi excellent glacier de retrouvé. Devant les bassins où se trouvait autrefois le port intérieur de Bruxelles s'étend maintenant une jolie terrasse aux chaises colorées, où l'on déguste des glaces par jours de beau temps.

C'est à Lionel Jadot, à qui l'on doit notamment l'aménagement de l'hôtel Jam, que Turan et Lucy Ucar ont confié le projet il y a déjà un an. L'intérieur est un mélange éclectique de couleurs, de matières et de formes où l'on vient s'installer pour un moment plein de gourmandise et de fantaisie, avec ou sans enfants.

Ici, on ne met que des bonnes choses dans les glaces. Pas question d'ajouter de colorants artificiels et le seul conservateur utilisé est d'origine naturelle. Sur les pots de glace stockés au frigo on peut lire «glace turbinée avec crème et lait de ferme ardennaise, fruits de saison, sucre de betterave ou de canne, œufs frais et du froid». Et c'est tout. Les gousses de vanille viennent de Madagascar, les fruits des bois de petits producteurs locaux et le chocolat du célèbre chocolatier Valhrona, fournisseur de nombreux chefs étoilés. Quant aux parfums des glaces, les intitulés nous intriguent et rendent notre choix difficile : noisette intense de Sicile, fleur de lait straciatella, yaourt bio au miel, citron et agrumes ou encore un étonnant sorbet à l'ananas, gingembre et poivre de Sichuan. C'est la pistache d'Iran qui obtiendra notre vote, une glace délicieusement crémeuse au vrai goût de pistache. Que demander de plus?

EN Gaston opened on Quai aux Briques, along the famous place Sainte-Catherine, in the exact same spot where Comus & Gastera used to stand. Having lost an excellent ice-cream parlor, what better news than hearing that another excellent one has opened right in the same spot? Facing the pools where the old interior harbour used to be, now stands a colorful terrace where one can enjoy ice-cream on sunny days. Lucy and Turan Ucar, who are already owners of Gou in Woluwé, knew what they were doing when they created this temple for their long-time shared passion. They commissioned Lionel Jadot, who masterminded the Jam hotel renovation, to design the interior and the result is an eclectic mix of colors, shapes and materials.

Lucy and Turan only use the best in their ice-creams and no artificial preservatives or coloring. The labels for example, read "Ice-cream made with milk and cream from the Ardennes, beetroot sugar or cane sugar, fresh eggs and cold". And that's it. The vanilla beans come from Madagascar, the red berries from small local producers and the chocolate from Valhrona, famous for supplying many Michelin starred restaurants. Choosing between the flavors is hard though: hazelnuts from Sicily, fior di latte straciatella, organic yoghurt with honey and citrus fruits, and even a surprising sorbet with pineapple, ginger and Sichuan pepper. But we are hooked on the Iranian pistachio – a smooth and delicious ice-cream tasting strongly of pistachios. What more can you ask for?

Moka

Espresso bar

5 rue des Riches Claires
1000 Bruxelles
facebook.com/mokabruxelles
+32 485 67 96 66

Terrasse/Terrace

FR   À l'écart de la cohue du nouveau piétonnier, dans la petite ruelle pavée des Riches Claires, se trouve le minuscule bar à café Moka. Cette institution du quartier Saint-Géry de la taille d'un mouchoir de poche fut reprise en 2015 par Anne-Audrey Joos et son amie Fernanda Garrido Lopez, barista de formation.

Aucune inquiétude donc côté café, la mousse de lait y est toujours aussi bien exécutée. Côté bar, l'offre s'agrandit car Moka propose désormais également de la bière, et pas n'importe laquelle. Leur troisième associé, Axel de Ville, brasse une bière belge baptisée Illégale, désormais disponible sur le grand tableau noir aux côtés des différents cafés.

Si à l'intérieur du bar Moka le relooking fut de mise – du carrelage neuf, quelques coups de pinceaux et une petite jungle suspendue dans la pièce du fond – l'esprit est resté le même. La machine à café Faema vintage, déjà emblématique avant la réouverture, n'a quant à elle, pas bougé d'un poil. On commande toujours son espresso au comptoir, sur un fond sonore jazzy, et on se pose toujours aux petites tables rouges de la terrasse pour déguster son cappuccino.

Les filles travaillent avec leur propre *blend*, un mélange du Brésil, du Guatemala et de Cuba, et préparent tous les jours une série de pâtisseries maison. Une petite adresse parmi nos favorites en ville.

EN   This tiny coffee institution is located on a little paved side street just away from the fuss, off the Boulevard Anspach. It was taken over in 2015 by Anne-Audrey Joos and her barista friend Fernanda Garrido Lopez. Needless to worry therefore about the coffee, the cappuccino foam is still as airy as it gets.

On the bar side, the offer has widened a little as Moka now offers beers as well. Their third partner, Axel de Ville, brews his own Belgian beer, which he named Illegal. It's now available on their big black board, along with a couple of other very local ones, side by side with their list of coffees.

The interior has had a makeover, new tiles behind the kitchen counter, colorful paint on the walls and a little jungle hanging in the back room, but the atmosphere hasn't changed. The vintage Faema coffee machine, already an icon before Moka reopened, hasn't moved an inch. We still order espresso at the counter, with some jazz in the background and we still sit in the sun at their little red tables with our cappuccinos.

The girls work with their own blend: a mix from Brazil, Guatemala and Cuba, and don't forget the homemade pastries. One of our favorite spots downtown.

My Little Cup

Espresso bar

53 rue de la Croix de Fer
1000 Bruxelles
+32 483 01 56 60
mylittlecup.be

Terrasse / Terrace

FR Avant de s'associer avec Danaé de la Barra et de créer La Petite Production, une de nos adresses fétiches pour le brunch, Laurent Dano a commencé par le café. Débarqué à Bruxelles après un voyage en Australie, où il découvre le café de troisième vague, il tombe rapidement sur My Little Cup, un espresso bar fraîchement ouvert dans le quartier du Cirque Royal. Bertrand, le fondateur, a aussi fait ses armes en Australie et c'est tout naturellement qu'il fait entrer Laurent comme associé chez My Little Cup. À deux, ils vont tenter de répandre de nouveaux standards concernant l'extraction, le goût, le développement en bouche, l'*aftertaste*, la texture du lait et surtout la torréfaction de leurs cafés: une torréfaction plutôt légère avec des goûts singuliers.

On vient donc chez My Little Cup pour un espresso sur le pouce, un cappuccino à emporter, un café filtre ou encore un café glacé, mais aussi pour discuter avec Bertrand et Laurent. La taille du lieu invite à la proximité et à l'échange et c'est toujours avec le sourire qu'ils vous accueilleront et vous parleront de leur passion, des étoiles plein les yeux. On aime les boiseries noires qui ornent la façade de ce petit espresso bar simple et lumineux et leur cappuccino dont la mousse de lait est réalisée à la perfection. Si le temps le permet, on le dégustera installé sur un banc devant leur jolie vitrine, accompagné d'un délicieux cannelé bordelais maison.

EN Before teaming up with Danaé de la Barra to open La Petite Production, one of our favorite brunch spots in Brussels, Laurent Dano began with coffee after a trip to Australia. There, he discovered the "third wave of coffee" and quickly came upon My Little Cup, an espresso bar opened in 2013 in Le Cirque Royal. Bertrand Lucas, the founder, is from a family of wine producers and also became passionate about coffee in Australia. So it was quite natural for the two men to team up to run My Little Cup. Together, they aim to introduce new standards for coffee extraction, taste, milk texture, aftertaste and the roasting process of their coffee, which needs to be light to keep its singular taste.

We love their espresso and cappuccino to take away, their filtered coffee and even their iced coffee, but we also love chatting with Bertrand and Laurent. The tiny size of the place makes it easy to get into conversation with the owners, who always welcome you warmly and talk about coffee with the biggest smiles on their faces. We love the black woodwork on the facade and the decor which is simple yet full of natural light. If the weather allows, we sit outside on one of the little benches, drinking coffee with a delicious homemade cannelé.

OR

Café de spécialité / *Specialty coffee*

9 rue A. Orts*
1000 Bruxelles
+32 2 511 74 00
orcoffee.be

Terrasse / Terrace

FR   OR, c'est un café où l'on se réfugie les jours de pluie et où on se cale en terrasse les jours de beau temps pour observer les allées et venues des passants du quartier Dansaert, un espresso à la main. La mousse de lait y est réalisée de main de maître, et l'espresso macchiato ne déçoit jamais.

Présente à chaque étape de la chaine de production, de l'achat de café vert jusqu'au métier de barista en passant par le contrôle de qualité et la torréfaction, l'équipe de chez OR se procure plus de 75% de son café en *direct trade*, afin d'assurer non seulement une qualité optimale, mais également une rémunération équitable et une traçabilité totale.

Ils s'inscrivent ainsi dans la veine du café de spécialité, un café considéré comme un produit frais, à consommer rapidement après torréfaction et toujours 100% arabica. Un café dont la richesse du terroir, impliquant dès lors une culture dans un contexte plus diversifié et une récolte plus manuelle, pourra s'exprimer pleinement grâce à une torréfaction dite légère ou moyenne, révélant les arômes du café sans les brûler.

Si, comme l'équipe d'OR, vous êtes curieux et aimez partager votre passion pour les produits de qualité, n'hésitez pas à vous inscrire à un de leurs workshops, on vous garantit que vous ne choisirez plus votre café de la même façon!

EN   OR is great for a hot cup of coffee when it's pouring outside, or an espresso on a sunny day when you can sip it on their little terrace and indulge in some people-watching. Their baristas know what they're doing, so you'll never be disappointed by their macchiato.

The team is involved every step of the way, from working the fields, purchasing the green beans, quality control and the roasting process all the way to the bar. 75% of their coffee is directly sourced to ensure maximum quality, fair wages and total traceability.

They are part of the specialty coffee movement; freshly produced 100% Arabica coffee is used quickly after roasting. The resulting coffee is rich and complex, its taste coming from the land where it grew and the light roasting of the beans allowing the aromas to develop without ever burning.

If, like this team, you are curious and passionate about top quality coffee, why not sign up for one of their workshops. We guarantee you'll never drink coffee the same way again.

*Aussi / Also
13a place Jourdan
1040 Etterbeek
+32 2 230 92 99

Les Filles

Tables d'hôtes de saison / *Shared tables and seasonal cuisine*

46 rue du Vieux Marché aux Grains*
1000 Bruxelles
+32 2 534 04 83
lesfillesplaisirsculinaires.be

Lunch: 19€
Menu du soir / Evening menu: 29,50€
Brunch: 22€

FR   Chez Les Filles, on se retrouve le midi autour de grandes tables d'hôtes pour découvrir un menu du jour local, gourmand et de saison. Les produits sont frais et bios, et le menu change tous les jours en fonction des arrivages et de l'inspiration.

Deux entrées servies à table, un plat et un dessert dont on se sert soi-même au buffet. Si être assis autour d'une table d'hôtes est pour vous plutôt inhabituel, prenez votre temps. Après les premiers chuchotements passés, vous vous apercevrez que tout le monde est venu ici pour partager la même chose: un moment gourmand dans un lieu où, plus que dans un restaurant, on se sent comme à la maison.

On nous apporte les deux entrées à table, une soupe de patates douces et une délicieuse terrine de faisan aux airelles accompagnée de pain artisanal, puis nous nous levons pour aller nous servir du plat principal dans les énormes cocottes rouges. On se sert de ce qui nous fait envie, comme on en a envie, et on se relève pour se resservir. Bref, on fait tout comme si on était chez nous et on se sent bien.

On continue ensuite avec du poisson aux oignons caramélisés, ananas frais et lait de coco, accompagné de lentilles multicolores. Les plats du buffet se renouvellent au fur et à mesure du repas mais ne se ressemblent pas. À l'heure de passer au dessert, on remarque que la cocotte de poisson a été remplacée par un poulet rôti. Leur point commun: ils sont cuisinés minute, avec beaucoup d'amour et des produits de saison.

EN   This is a great place for a long lunch, savouring a seasonal, locally-sourced menu. The produce is fresh and organic so the menu changes daily, according to what's available at the market and the inspiration of the chef.

The starters are served at your table and then you can help yourself from the buffet of main courses. The tables are big, so you could easily find yourself sharing one with complete strangers, which is part of the attraction. After the first whispered remarks, you realize that everyone is here for the same reason: to enjoy eating home-cooked food in a dining room which feels more like a home than a restaurant.

We had sweet potato soup and pheasant terrine with cranberries as starters, along with some homemade bread and then helped ourselves from the huge red casseroles. We tried fish in coconut milk with fresh pineapples, caramelised onions and red lentils. As we ate, we noticed that the empty casseroles were continuously replaced with full ones, but not necessarily containing the same dish. When we went to the dessert buffet, our coconut fish had been replaced by oven-roasted chicken. When a dish is finished here, it's finished and it's time for something else. But all the dishes do have something in common: they're prepared with love and the freshest seasonal ingredients.

*Aussi / Also
4 rue Jean Chapelié
1050 Ixelles
+32 2 218 18 15

Noordzee - Mer du Nord

Comptoir à poissons / *Fish bar*

45 rue Sainte-Catherine
1000 Bruxelles
+32 2 513 11 92
vishandelnoordzee.be

Portions : 5€ - 13€

FR   Noordzee est une poissonnerie unique en son genre, située en plein centre sur la place Sainte-Catherine. D'un côté, un étal de poissons accessible par la rue où l'on vient faire ses courses et de l'autre, un grand comptoir en inox où dès que le soleil pointe le bout de son nez, les touristes se fondent avec les Bruxellois pour siroter un verre de vin blanc en dégustant du bout des doigts quelques spécialités de la mer.

Sur le tableau Velleda, des portions de fruits de mer qui changent selon les arrivages, servies frites ou à la plancha, et toujours accompagnées de la traditionnelle sauce tartare et d'un quartier de citron. Les *garnaal croquettes* (13€ pour 2 pièces) – ou croquettes aux crevettes – y sont un incontournable. On y déguste aussi des calamars frits, des moules de bouchot, des palourdes, des huîtres fraîches, du thon à la plancha ou encore la traditionnelle soupe de poisson servie avec du gruyère et des croutons. On s'accoude ensuite à une des tables hautes disposées de l'autre côté de la rue, en attendant qu'un des barmen s'époumone en criant notre prénom, signe que notre commande est prête.

C'est donc aussi pour l'ambiance qu'on aime manger chez Noordzee, mais avant tout parce que c'est un réel symbole des beaux jours d'été en plein cœur de Bruxelles.

EN   Noordzee is a unique fish shop. On one side, they have a big fish stall accessible from the street where they sell fish like any other shop. On the other side of the corner is a huge stainless steel counter where tourists mix with locals to sip glasses of white wine and eat seafood with their fingers.

The fish and seafood on offer vary with the daily catch, and are served either fried or cooked on the plancha, and served with tartare sauce and a lemon wedge. The *garnaal* croquettes (13€ for 2 pieces) are fabulous, but do also try their fried calamari, Bouchot mussels, clams, fresh oysters, grilled tuna and their traditional fish soup, served with grated cheese and croutons.

Once you have ordered, you move over to one of the high tables and wait for your name to be yelled out. We love Noordzee for the atmosphere, but most of all because it is a symbol of beautiful summer days in our beloved city.

Beaucoup Fish

Fine cuisine de la mer / *Fine fish and seafood*

2 rue Van Gaver
1000 Bruxelles
+32 2 218 64 20
beaucoupfish.be

Plats / Main courses : 26€ - 28€
Lunch : 23€

FR   On aime la douceur qui émane de ce restaurant teinté de blanc et de vert bouteille, les jours où le soleil traverse les fenêtres pour réchauffer le visage des clients. Beaucoup Fish, c'est comme son nom l'indique, un restaurant où l'on vient pour manger du poisson. C'est aussi un restaurant très élégant, tout en douceur et en jolis détails : du comptoir en marbre blanc jusqu'aux sets de table aux motifs de petites écailles. À la carte, ce sont les produits de la mer qui sont mis à l'honneur en fonction des différents arrivages.

Les entrées sont plutôt convaincantes : on goûte à un délicieux tartare de saumon parfaitement assaisonné (11€) et à des couteaux grillés simplement assaisonnés d'huile d'olive, d'ail et de coriandre fraîche (12€). Sans oublier bien sûr le duo de croquettes de crevettes (12€), l'entrée incontournable pour tout bon Bruxellois, impeccablement réussie. Avec un verre de vin blanc pour accompagner le tout, le lunch touche à la perfection. À ne pas manquer, la formule lunch très avantageuse avec une entrée et un plat de poisson à 18€.

C'est donc sans hésitation que l'on se rend chez Beaucoup Fish, une belle adresse qui a pris place dans un quartier qui n'est pas des plus faciles, à deux pas de la rue de Laeken.

EN   We love the gentle atmosphere in this green and white restaurant when the sun's rays pierce the windows and illuminate the customers' faces. Like it says on the tin, this is the place to go for fish. It is also a very elegant restaurant, with beautifully designed decor from the white marble counter to the pretty place mats with fish scale patterns. The menu highlights different fish and seafood according to the catch.

Starters include salmon tartare, which is delicious and perfectly seasoned (11€) and the grilled razor shells are wonderful, prepared very simply, with olive oil, garlic and fresh cilantro (12€). Do try their to-die-for shrimp croquette duo (12€), a must for any Belgian food lover. With a glass of white wine, it will be a lunch to remember. Don't miss their lunch menu either: a starter and a main course for 18€. We never hesitate to visit this lesser-known part of the city to enjoy great food in beautiful surroundings.

Gramm

Menu dégustation de saison / *Seasonal tasting menu*

86 rue de Flandres
1000 Bruxelles
+32 495 10 18 22

Menu dégustation / Tasting menu : 49€
Accords vins / Wine pairings : 40€
Terrasse / Terrace

FR Ouvert par Erwan Kenzo Nakata, chef autodidacte d'origine bretonne et japonaise, Gramm est le genre d'adresse qu'on se refile pour des occasions un peu spéciales. Le soir, on y déguste un menu unique en six plats (49€) de saison et avec toujours beaucoup d'inspiration. Sur la façade, un motif à traits noirs sur fond blanc, un peu 90's, un peu japonisant, attire notre attention. Suspendues devant la vitre, de grandes lettres en néon écrivent le mot Gramm à la lumière blanche. Difficile de passer à côté de cette enseigne dont le style a définitivement tout pour nous plaire. À l'intérieur, une décoration plutôt simple, un service accueillant et une atmosphère détendue qui fonctionne parfaitement avec un menu qui est quant à lui beaucoup plus recherché. C'est cet équilibre parfait qui fait qu'on se sent bien chez Gramm et qu'on y fait de superbes découvertes gustatives.

On goûte au huitième menu de l'année, qui sera présent pendant tout le mois. On commence avec une socca en amuse-bouche, une petite galette à base de farine de pois chiche venant de la région de Nice, retravaillée avec des pointes de tomates vertes et du romarin. C'est gourmand à souhait et ça annonce parfaitement la couleur du reste de la soirée. On retiendra également parmi les plats une délicieuse asperge blanche grillée accompagnée d'une purée de nèfle et de feta émiettée, ainsi que le dessert qui clôturera parfaitement le menu : un sorbet de betterave, buttermilk et citron vert. Si la plupart des références natures de l'accord vins (40€) proviennent de notre caviste fétiche Titulus, on fera aussi de belles découvertes comme le Geschickt Edelzwicker, un vin blanc d'Alsace sec et vif en biodynamie, dont on se souvient encore.

EN Opened by chef Erwan Kenzo Nakata, from Brittany and Japan, this is the type of place you would recommend to friends for a special occasion or celebration. In the evening they serve a 6-course tasting menu (49€), which is always inspired. The facade features eye-catching, funky black dashes on a white background, making it look a bit 90s and a bit Japanese. In addition, above the window, Gramm is spelled out in huge white neon letters making the restaurant impossible to miss. The interior decor is simple however, the service is warm, and the atmosphere laid back. We adore this perfectly balanced combination.

We tried one of their monthly menus, beginning with socca as a small appetizer, a small chickpea flour based wafer from Nice upgraded with green and red tomato mousse and rosemary. It was tasty and generous, putting us right in the mood for the memorable dishes that followed. We particularly liked the grilled white asparagus with medlar purée and crumbled feta, and the dessert; beetroot sorbet, buttermilk and lime. Most of the wine pairings (40€) were natural wines from our beloved Titulus, but we also discovered a wonderful Geschickt Edelzwicker, a sharp, dry white wine from Alsace.

Humphrey

Petits plats à partager / *Small plates to share*

36-38 rue Saint-Laurent
1000 Bruxelles
+32 472 04 95 80
humphreyrestaurant.com

Petits plats / Small plates : 8,50€ - 18€
Terrasse / Terrace

FR Après avoir passé six ans dans les cuisines du Noma, c'est à côté de la maison de disque PIAS, que Yannick Van Aeken décide d'ouvrir son restaurant. Et contrairement à ce que son parcours aurait pu laisser penser, Yannick n'ira pas chercher directement l'étoile. Avec son associé Glen Ramaekers d'origine philippine, ils créent une carte inventive basée sur la découverte et sur les associations de saveurs justes. Dans l'assiette, c'est le goût qui prédomine et la philosophie de la maison est la suivante: «*sharing is caring*». Composée de petits plats à partager et inspirée par la cuisine philippine, la carte est divisée par thèmes: Petit Humphrey, Humphrey Light, Umami et Old School. Le tout entre 9 et 18 euros.

Les chicken wings, céleri et sauce au bleu de la colonne «Old School» sont une valeur sûre. On part ensuite en exploration: carpaccio de Saint-Jacques et poireaux, *kare kare* de patates douces et avocat grillé aux jeunes oignons et on termine par un incroyable poulpe braisé. Les Saint-Jacques fondent à chaque bouchée et l'avocat grillé assaisonné de jeunes oignons et de chili est un coup de cœur. Quant au *kare kare*, c'est littéralement une explosion de saveurs.

L'intérieur, géré de main de maître par Frédéric Nicolay, confère au lieu une ambiance décontractée que l'on associe encore peu avec ce genre de cuisine. Deux comptoirs parallèles en marbre vert traversent l'espace en diagonale, délimitant la cuisine ouverte. L'éclairage ponctuel est focalisé sur les tables, plongeant dans le noir le reste de l'espace. Le résultat est une atmosphère décontractée et intime à la fois. Un équilibre savamment dosé que l'on se réjouit de retrouver également dans l'assiette.

EN After six years working in Noma's kitchens, Yannick Van Aeken opened his own restaurant right next to music label PIAS. And unexpectedly, he didn't try reaching for the star - at least not directly. Together with Filipino co-founder Glen Ramaekers, they have devised a surprising menu based on flavor combinations and the motto "sharing is caring". Their Philippines-inspired cuisine is divided into themes: Small Humphrey, Humphrey Light, Umami and Old School. All their dishes are small sharing plates priced from 9 to 18 euros.

The buffalo wings with celeriac and blue cheese sauce is a must. We also ordered scallop and leek carpaccio, roasted avocado with spring onions and sweet potato *kare kare*. Then we finished with an incredibly perfect grilled octopus from the Umami section. The scallops melted in our mouths and the grilled avocado topped with spring onions and fresh chilies was a complete discovery which seduced us instantly. The *kare kare* was a flavor explosion – nothing less.

The interior renovation, by Frédéric Nicolay himself, gives the restaurant a very laid-back atmosphere, which is unusual teamed with this kind of cuisine. Two parallel green marble counters lie diagonally across the room delimiting the open kitchen. The wooden tables are dimly lit, so the rest of the restaurant disappears in the dark, making it casual and intimate.

La Guinguette en Ville

Bistro bruxellois / *Belgian bistro*

9 place du Béguinage
1000 Bruxelles
+32 2 229 02 22
facebook.com/laguinguetteenville

Plats / Main courses : 16€ - 27€
Terrasse / Terrace

FR Située sur un coin de la place du Béguinage, avec ses chaises de bistro, ses banquettes en cuir et son carrelage métro vert bouteille, La Guinguette en Ville a tout du petit bistro bruxellois. Notre œil est d'abord attiré par sa grande terrasse où l'on viendra s'installer aux tables hautes les jours de beau temps, siroter un verre de blanc du patron avec une croquette de crevettes (10€).

Et pas n'importe quelle croquette. Une pièce unique, qui en vaut facilement trois à elle toute seule, accompagnée du traditionnel persil frit et d'un quartier de citron. C'est une véritable avalanche de crevettes grises de la Mer du Nord qui coule alors dans notre assiette. Un plaisir sans nom, qu'on classera sans hésitation parmi le top trois des meilleures *garnaal kroketten* de la capitale.

C'est donc bien bruxellois qu'on mange sur une des plus jolies placettes de Bruxelles. À la carte, les intemporels américain minute et autres filets purs, accompagnés de frites et de sauce maison et sur la page de droite, quelques suggestions plus travaillées. Paul Delrez, ancien de chez Henri et de Rouge Tomate, laisse aller sa créativité au fil des saisons en faisant toujours la part belle aux produits. Une cuisine qu'il a du mal à étiqueter mais qu'on serait tenté de qualifier de gourmande, généreuse et toujours centrée autour du plaisir. Des adjectifs qui conviennent parfaitement aux asperges blanches servies avec un saumon mariné aux herbes (22€) et à la pluma de *lomo iberico*, avec ses légumes de saison et pommes de terre sarladaises (27€).

En salle, une équipe jeune et hyper relax, menée par Claire Delrez, la petite sœur de Paul. Une affaire de famille donc pour cette Guinguette qui tourne sans désemplir depuis plus de trois ans.

EN With its bistro chairs, leather covered benches and green metro tiles, this restaurant plays very cleverly with typical Belgian bistro codes. The first thing you notice is the big outdoor terrace, which is great for a glass of house white and some homemade shrimp croquettes (10€).

But these are not just any croquettes. You just get one, worth at least three ordinary ones just by itself, served with the traditional fried parsley and lemon wedge. As soon as we cut into it, an avalanche of shrimps flows across our plates. A real moment of joy, which ranks up there with the top three croquettes in the city.

We love their Belgian and more specifically, Brussels food, served on one of the prettiest squares in the city. The menu includes timeless classics like "Américain" (steak tartare) and steak with homemade chips and sauces. Paul Delrez, having worked his way through Henri and Rouge Tomate's kitchens, gives his creativity free rein with seasonal produce. Although he is reluctant to label his cooking, we would call it fine, generous and centred around pleasure, like his wonderful white asparagus with marinated salmon and herb juice (22€), and the *pluma de lomo iberico* with grilled vegetables and *sarladaise* potatoes (27€). The team, led by Claire Delrez, Paul's little sister, is young and relaxed. Definitely a family affair.

Oficina

Cuisine du marché / *Seasonal cuisine*

16 rue d'Alost
1000 Bruxelles
+32 472 04 95 30
facebook.com/oficinabrussels

Plats / Main courses: 11€ - 26€

FR C'est fin juillet 2016 qu'Oficina fait son apparition dans le quartier Dansaert, juste à temps pour improviser une terrasse au coin de cette rue où le soleil n'est jamais absent. D'énormes miroirs tachetés sont suspendus, légèrement de biais aux murs de cette salle, rappelant l'ancien décor de Chez Marie. Le reste est un mélange de bois, de carrelage bruxellois d'origine et de béton brut. Si l'on reconnaît encore une fois la patte de Frédéric Nicolay, c'est une toute autre équipe qui officie en salle et derrière les fourneaux.

Sanne, Okan et Amélie ont vite fait de s'approprier l'espace pour en faire un petit resto de quartier à l'accueil charmant où les légumes et produits de saison prédominent sur le menu. À la carte, quatre plats à commander en entrée ou en plat principal et quelques suggestions qui changent tous les mois (entre 15 et 26€). Sur leur grand tableau noir, on trouve par exemple de la burrata avec des lentilles (9-15€), une assiette de topinambour, betteraves chioggia et pommes de terre rôties (10-16€), des falafels, quinoa et sauce au yaourt (16€) ou encore de la daurade et ses légumes grillés (26€).

Tous les midis, un plat du jour à 10€ vient compléter le tableau, veggie au minimum tous les jeudis. Les falafels et le bouillon de légumes d'hiver accompagné de céleri rave rôti sont un délice. On se réjouit de cette adresse qui fait la part belle aux légumes, le midi comme le soir.

Le soir, on accompagnera nos plats de vins natures du Troca et de La Buena Vira, mais pour l'heure, on opte pour un espresso qu'on ira déguster sur les quelques mètres de terrasse avant que le soleil ne s'en aille.

EN This restaurant popped-up in Dansaert in June 2016 – with just a couple of chairs and tables outside to make an improvised terrace on this street corner where the sun always shines. Inside, huge mirrors hang from the walls, tilted to reflect a view of the entire room, reminiscent of Frédéric Nicolay's first restaurant "Chez Marie". The rest of the decor is a mix of wood, original tiles and raw concrete. We recognie Nicolay's touch - with La Belle Equipe, the Barbeton, Kumiko Izakaya and the Walvis, he has almost designed the whole neighbourhood, to our great delight. But the management and the team in the kitchen are completely new.

Sanne, Okan and Amélie have turned this into a charming little restaurant where vegetables and seasonal produce take pride of place. The menu offers four dishes to order either as starters or main courses, and a few suggestions which change every month (from 15 to 26€). Try their burrata with lentils (9-15€), a plate of Jerusalem artichokes, chioggia beetroots and roasted potatoes (10-16€), their falafels with quinoa and yoghurt sauce (16€), or perhaps roasted sea bream and grilled vegetables (26€).

They have a daily lunch menu (10€) which is vegetarian at least every Thursday. The falafels and vegetable soup with roasted celeriac we tried was tasty and generous, and we are thrilled to find a place serving organic, seasonal produce at lunch and dinner.

When we come back in the evening, we'll have a glass of organic wine from Troca and La Buena Vira, but right now, we'll stick with an espresso on their terrace before the sun goes down.

Signora Ava

Osteria italienne / *Italian Osteria*

92 rue de Flandres
1000 Bruxelles
+32 466 33 59 25
facebook.com / signoraava

Plats / Main courses : 11€ - 22€
Lunch : 16€
Terrasse / Terrace

FR Bien que chez Signora Ava les propriétaires soient originaires de Molise, pas question en cuisine de se limiter à une seule région géographique. Le nom Signora Ava n'est pas inspiré d'une dame mais bien d'une époque, et même plus précisément d'un roman du même titre où l'auteur décrit l'Italie et sa cuisine du Nord au Sud. Enzo et Claudia, convaincus que la cuisine italienne commence par ses produits, traversent chaque été depuis quatre ans leur pays de part en part, toujours à la recherche des meilleurs fournisseurs. C'est donc à travers tout le pays que l'on voyage quand on goûte à la cuisine d'Enzo, qui revisite avec créativité des recettes traditionnelles souvent oubliées.

Le midi, cette minuscule osteria sert de délicieuses pâtes du jour (13€), accompagnées ou non d'une planche de fromages, de charcuterie ou d'un carpaccio d'espadon selon la formule. On goûte au carpaccio accompagné de poutargue, de pointes de mangue et de noisettes émiettées et on est directement conquises. C'est frais, acidulé, bien relevé avec la poutargue et ça fond dans la bouche. Arrivent les pâtes, des tubetti aux asperges et *stravecchio di malga*, un fromage rare au goût prononcé ainsi que des *buccatini alla putanesca*, revisitées avec de la poutargue à la place des anchois.

Pour accompagner le repas, Claudia propose une sélection de vins natures venus exclusivement de petits producteurs en Italie.

Le soir, la carte s'étoffe un peu plus avec notamment des plats de viande et des suggestions de pâtes un peu plus travaillées sans jamais en faire trop. Leur devise en cuisine : « Il n'est pas nécessaire de faire plus que le strict nécessaire. »

EN Although the owners come from Molise in Italy, they didn't consider confining their cuisine to that region for a second. The restaurant's name was not inspired by a woman, but by a book by that name which extensively describes Italy from the north to the south. Enzo and Claudia, convinced that good Italian cuisine starts with good ingredients, travel around Italy every summer searching for the best suppliers. So, you also travel the entire country when eating Enzo's food, which he bases on traditional and / or forgotten recipes, adding his own creative touch.

At lunch, they serve a few delicious pasta dishes of the day (13€), along with plates of cheese, charcuterie or swordfish carpaccio. We tried the carpaccio served with bottarga, crunched hazelnuts and mango and were completely convinced. It was fresh, tangy and full of bottarga flavor. Then we had tubetti pasta with green asparagus and *stravecchio di malga*, a rare, quite stong, cheese, and *buccatini alla putanesca*, with bottarga instead of anchovies. Both were a bliss.

Claudia also offers a wide selection of natural wines, all from small Italian wine producers.

In the evening, there are also meat and fish dishes on the menu along with more elaborate pasta dishes. But nothing too elaborate. The motto here is "Doing more than the strictly necessary is useless".

Audrey Schayes

Une histoire de sens
It's all about the five senses

FR Cofondatrice et directrice du bureau de Codefrisko, Audrey est créatrice d'identités visuelles. Extrêmement sensible aux cinq sens, c'est par le biais du visuel qu'elle a décidé de communiquer. À Bruxelles, elle est à l'origine de l'identité de nombreux restaurants. On la retrouve notamment derrière la création visuelle du Caffè al Dente, de Forcado, de Signora Ava ou encore du Petit Canon.

EN The co-founder and director of Codefriko, Audrey Schayes creates visual identities. All her five senses are extremely finely tuned, but she chooses to communicate through visual media. In Brussels, she is responsible for the visual identity of numerous restaurants including Caffè al Dente, Forcado, Signora Ava, and Le Petit Canon, to name just a few.

Qui es-tu?

J'aime les bonnes choses, les belles choses. Généralement les choses qui sont faites avec le cœur, de manière juste, authentique, artisanale si possible. Que ce soit visuel, auditif, gustatif, olfactif ou tactile. C'est très important pour moi. Mes exigences envers moi-même font que ce n'est pas toujours facile d'être satisfaite, mais quand j'arrive à trouver ces petites choses qui donnent plus de saveurs à la vie, cela me rend heureuse. J'ai choisi le visuel pour m'exprimer et communiquer, mais je suis super sensible aux quatre autres sens aussi et je m'entoure de gens qui savent apprécier ça. Je suis très curieuse, j'aime rencontrer les gens, partager les plaisirs de la vie et découvrir des choses nouvelles qui vont à leur tour m'apporter d'autres choses. Tout ça nourrit ma créativité.

Ton adresse préférée à Bruxelles?

C'est difficile de trouver un lieu qui réunit atmosphère, décoration, lumière, sons, assiette et la manière dont on est servi. Celui qui, pour moi, réunit le mieux tout cela, c'est Bouchéry. Mais ce n'est pas très fair, parce que c'est une amie qui l'a ouvert et qu'on a les mêmes goûts. Elle a fait un endroit comme j'aime, comme j'aurais voulu l'avoir si j'avais dû le faire moi-même. C'est aussi comme ça que j'aime recevoir les gens et donc, d'une certaine façon, c'est là que je me sens le mieux. C'est gai de se sentir un peu en famille quand tu vas manger, que tu aimes le cadre, que tu aimes ce qu'il y a dans l'assiette, que tu aimes la lumière, que tu aimes tout.

Ton souvenir culinaire le plus marquant?

J'ai très très fort aimé un dîner il n'y a pas longtemps, chez Tine et Maarten de Wilder. Ils nous avaient invités à semer des graines dans leur jardin. C'était une après-midi magique entre amis à semer, graine par graine, plein de plantes aromatiques. Et Maarten, pour nous remercier, avait, dans un énorme brasero au milieu du jardin, fait cuire un canard sauvage, loin du feu pendant des heures. Tout ça avec des vins natures incroyables, qui nous ont enivrés depuis 5 heures de l'après-midi jusqu'à 2 heures du matin. On était encore au mois de mars de cette année. C'était vraiment une journée magique.

Who are you?

I love good things, beautiful things. Generally, things made with love, handcrafted or authentic. It doesn't matter whether it's visual, auditory, gustatory, olfactory or tactile: they're all very important to me. I'm quite demanding, which makes me hard to please but it makes me truly happy whenever I find those small things which add flavor to life. I've chosen to express myself through visual media, but my other four senses are also very sensitive and I surround myself with people who appreciate the same things as me. I'm very curious, I love to meet people, to share the simple pleasures of life and discover new things which will in turn open me up to more new things. All of this feeds my creativity.

Your favorite place in Brussels?

It's difficult to find a place that combines it all: the right atmosphere, decor, lighting, sounds, the food and how customers are served. For me, the one that achieves most of these criteria is Bouchéry. But that's not really fair because it was opened by a friend who shares my tastes. She created a place like one I wish I had created if I were to do it myself. It's also the way I would love to host friends and therefore that's where I feel the best. It's nice to feel as if you're with family when you go out to eat somewhere, that you love the setting, the food, the lighting - that you just love everything.

Your strongest food memory?

I really enjoyed a dinner not so long ago, with Tine and Maarten from Wilder. They had invited us to help plant seeds in their garden. It was a magic afternoon with friends, planting each seed and sowing tons of fresh aromatic herbs. And to thank us all, Maarten prepared a huge brazier in the middle of the garden on which he slowly roasted a whole duck for hours. All of that with incredible natural wines put us all into a great mood from 5pm to 2am the next morning. It was earlier this year in March. It was the most magical day.

Life Is Beautiful

Cocktails inspirants / *Inspiring cocktails*

161 rue Antoine Dansaert   Cocktails : 11 € - 13 €
1000 Bruxelles
+32 2 223 59 99
libcocktailbar.com

FR Ouvert en juin 2016 dans le quartier Dansaert, LIB, ou « Life is Beautiful », s'inscrit dans la tendance mixologie pointue qui continue de se répandre sur Bruxelles. On descend désormais dans le centre, presque jusqu'au canal, pour siroter son cocktail.

Avant d'ouvrir LIB, Harouna est d'abord passé par le bar du Toukoul où il associait ses talents de mixologue à la cuisine éthiopienne, puis a rejoint le Stoefer et trouvé une vraie place derrière le bar. Mais c'est seulement après quatre ans à Bruxelles qu'il ouvrira enfin son propre établissement avec sa compagne Caroline.

LIB est un petit bar sans prétention où l'on est accueilli chaleureusement par Harouna, dissimulé parmi ses nombreuses bouteilles de spiritueux. Pas de dress code ou d'entrée secrète ici, et on se réjouit déjà de déguster des cocktails inspirés en toute décontraction.

Le Gentleman revisité, à base de gin au lieu de genièvre, est accompagné de liqueur de fleurs de sureau, de Cynar, de sirop de sucre, de blanc d'œuf et de citron, et garni de genièvre râpé par dessus. Un régal, qui se boit presque trop vite. La variation du Final Word est quant à elle puissante et douce à la fois, un classique à base de whisky tourbé, sirop de betteraves, Campari, citron jaune, hellfire bitter et revisité avec du Cynar remplaçant la liqueur de cerise. Caroline prépare tous les soirs de quoi grignoter avec son cocktail, dont un excellent dukkah maison servi avec du pain frais et de l'huile d'olive.

En plus du bar, Harouna et Caroline organisent également des masterclass, où vous aurez l'occasion de faire votre propre interprétation d'un cocktail plutôt classique.

EN Opened since June 2016, LIB as it is known, is part of the high-end mixology trend which is taking over Brussels. Ever since it opened people have been going all the way into the city centre to enjoy their cocktails.

Before opening LIB, Harouna worked at Toukoul, where his mixology skills complimented the Ethiopian food. He then joined the Stoefer team, working behind the bar. It was only four years after he moved to Brussels that he finally opened his own place with his partner Caroline.

It's small and comfortable, and Harouna greets you warmly as you arrive, from amongst his impressive collection of spirits. No dress code nor secret entrance here, and we truly love drinking such sophisticated cocktails in such a relaxed atmosphere.

His interpretation of the Gentleman, with Gin instead of Juniper, includes elderflower liqueur, Cynar (Italian bitters), sugar syrup, egg white and lemon juice, and is garnished with grated juniper. The result is astonishing, and seconds after you taste it, you'll find yourself ordering another. His variation of the Final Word is both powerful and easy to drink. A classic using whisky, beetroot syrup, Campari, lemon juice, Hellfire bitters and Cynar instead of cherry liqueur. Every evening, Caroline makes a few snacks and dips to enjoy while sipping your cocktails, including an excellent homemade dukkah served with fresh bread and olive oil.

Harouna and Caroline also organize tastings and master classes during which you can learn to make a great classic, and then devise your own interpretation of it.

Gare du Midi, Van Meenen, Albert

Chouconut

Choux, cookies & donuts

46 avenue Jean Volders
1060 Saint-Gilles
+32 2 537 16 92
chouconut.com

Choux : 1,50€ - 2€
Terrasse / Terrace

FR   Coincée sur l'avenue Jean Volders entre deux maisons de style Art nouveau, Chouconut est une boutique et un salon de dégustation plein de charisme, tenu de main de maître – pâtissier – par ses deux propriétaires. On vient y déguster et emporter des choux, des cookies et des donuts, d'où le nom si bien choisi de l'établissement.

Avant de poser leurs valises dans l'ancienne boutique à cupcakes de Merrily's, les deux chefs pâtissiers ont fait de la route. Passés par les plus grandes maisons – Bocuse à Orlando, Ducasse à Vegas, l'Hôtel Bristol à Paris ou encore Le Chalet de la Forêt à Bruxelles – Baptiste Mandon et Giovanni Malecot ne rêvaient que d'une chose : ouvrir leur propre boutique. Au printemps 2015, les portes de Chouconut ouvrent et le comptoir déborde de petits choux à la mangue et aux fruits de la passion, à la pomme verte, au basilic et à la framboise, au yuzu ou encore au chocolat noir de Madagascar (1,50€ à 2€ pièce). Des goûts et des couleurs qui évoluent au fil des saisons, pour des associations toujours plus gourmandes et surprenantes. Les cookies et les donuts valent autant le détour que les choux et il s'agit d'un véritable choix cornélien quand vient le moment de passer commande.

Pour déguster ces pâtisseries, il faudra vous déplacer jusqu'à Saint-Gilles, car si l'adresse fait fureur, pas question pour ses propriétaires d'en faire une chaîne. Comme l'âme et le cachet d'un quartier dépendent en partie de ses commerces, Giovanni et Baptiste tiennent à ce que la rue Jean Volders soit la seule de Bruxelles où l'on puisse trouver leurs fameux choux. Et si l'idée d'ouvrir une seconde boutique n'est pas tout à fait exclue, ce que l'on pourrait y trouver reste un mystère.

EN   Jammed between two stunning Art Nouveau houses, Chouconut is a charming take-out and tearoom owned and managed by two pastry chefs specialising in choux pastry balls filled with cream, cookies and doughnuts – hence the name.

Before setting up in what used to be Merrily's cupcake boutique, both chefs worked in some of the world's finest pastry kitchens including Bocuse in Orlando, Ducasse in Vegas, the Hôtel Bristol in Paris and even Le Châlet de la Forêt in Brussels. But Baptiste Mandon and Giovanni Malecot only wanted one thing: their very own pastry shop. So in the spring of 2015, Chouconut opened, their counter laden with tons of colorful choux, filled with mango and passion fruit, green apple, basil and raspberry, yuzu or dark chocolate from Madagascar (1.50€-2€). Different flavors and colors are developed throughout the seasons, keeping their customers intrigued. The cookies and doughnuts are just as good, and choosing can be real torture.

To enjoy the pastries, you will have to make your way to rue Jean Volders. Though the shop is a real success, opening a second branch is simply not an option for Giovanni and Baptiste who believe in preserving the singular authenticity of each neighbourhood. And if the idea of opening another venue is not totally excluded, what we may find there is still a total mystery.

Chana

Falafels & Pakora

24 Parvis de Saint-Gilles
1060 Bruxelles
+32 2 534 41 55

Pittas : 7,50€
Terrasse / Terrace

FR Chana signifie « pois chiche » en hindi. Un nom choisi avec beaucoup de justesse par Ali, le patron d'origine pakistanaise, qui prépare chez Chana de délicieux falafels depuis son grand comptoir. C'est effectivement le produit phare de cette petite néocantine du Parvis de Saint-Gilles. On accompagne sa pitta falafel de tahine, de babaganoush ou encore de houmous et on commande avec gourmandise de délicieux pakora d'aubergines servis avec une sauce à la menthe. Tout y est végétarien, préparé le jour même à base de produits bios et tout y est absolument délicieux, jusqu'aux jus de fruits frais pressés minute.

Le lieu est petit et étroit, mais extrêmement lumineux et décoré de simples tabourets en bois clair et de carrelage bruxellois d'origine. Un véritable petit écrin de douceur, à l'écart de l'agitation du Parvis. Notre véritable coup de cœur: la vaisselle en céramique artisanale dans laquelle sont servies les pittas aux falafels, réalisée par l'associée d'Ali. Les falafels sont quant à eux croustillants à l'extérieur et moelleux à l'intérieur, une vraie petite merveille.

EN Chana means chickpea in Hindi, which is why Ali, the Pakistani owner of the place, chose it as a name. He makes wonderful falafels every day in the open kitchen of this small, narrow neo-canteen. We love them in pitta bread with tahini, babaganoush or hummus along with eggplant pakoras with fresh mint sauce. The falafels are crunchy outside and soft inside, just how they should be. Everything from the falafels to the freshly made fruit juices is vegetarian and made with organic ingredients.

The restaurant is full of natural light and simply furnished with wooden stools and original floor tiles. A true hidden gem, away from all the noise and bustle. Our biggest envy: the beautiful handcrafted ceramics in which the falafels are served!

Cipiace

Cantine & bar italien / *Italian canteen & bar*

49A parvis de Saint-Gilles
1060 Saint-Gilles
+32 470 33 83 93
cipiace.be

Brunch: 17€
Plats / Main courses: 6,50€ - 15€
Terrasse / Terrace

FR Un véritable *aperitivo* milanais décliné sous forme de brunch, c'est ce que propose cette petite cantine italienne du parvis de Saint-Gilles tous les week-ends. L'endroit, reconnaissable de loin par sa façade vert bouteille, est petit et tout en longueur, devancé par une jolie terrasse à même les pavés du parvis. À l'intérieur, un mur entier est recouvert d'une fresque colorée, des plantes tombantes et des bouteilles d'alcool se mélangent sur les étagères derrière le bar et un petit bar le long de la vitre se remplit à craquer les jours de week-ends.

Lors du brunch (17€), on y dévore antipasti, focaccia garnies de scamorza ou de mortadelle, bruschetta aux champignons, plateau de fromages et de charcuterie, roulades d'aubergines, salades *caprese*, légumes grillés et marinés et carpaccio de bœuf accompagné de roquette et de parmesan... Un vrai petit paradis. Dans la formule sont également compris un jus de fruits pressés et une boisson chaude ainsi qu'un petit buffet sucré.

En semaine, on vient y déguster les pâtes du jour (12€) sur le pouce ou encore une délicieuse focaccia maison garnie de charcuterie italienne (6,50€). Et puis bien sûr, les jours de beau temps, on s'y retrouve pour déguster un spritz ou un cocktail sur le parvis.

Une petite adresse pleine de charme et de soleil pour s'évader en Italie le temps d'un lunch, d'un brunch ou d'un apéro.

EN This is where a Milanese aperitivo tends to turn into brunch every single weekend. The small, narrow bar is easy to spot with its dark green facade and a cute terrace on the cobbled stones. Inside, there is a colorful mural on one of the walls, hanging plants mix with spirit bottles on the shelves behind the bar and a narrow shelf along the window gets covered with dishes every Saturday and Sunday.

Brunch (17€) includes antipasti; focaccia filled with Scamorza or Mortadella, mushroom bruschetta, cheese, and platters of Italian cold cuts, eggplants stuffed with mozzarella, Caprese salads, marinated and grilled vegetables, beef carpaccio with parmesan and arugula, and more. Also included is fresh fruit juice, a hot beverage and a small buffet of desserts. Pure heaven.

We love to meet friends here for a weekday lunch and eat the pasta of the day (12€) or a focaccia with Italian cold cuts (6.50€). And as soon as Spring starts, we love to have a spritz or a cocktail in what feels like a charming little corner of Italy.

Entre nous

Cuisine napolitaine durable / *Sustainable Neapolitan cuisine*

29 rue de Mérode
1000 Bruxelles
+32 2 537 63 18
entrenousbxl.com

Plats / Main courses : 11€ - 15€

FR Dans un quartier où nos adresses coups de cœur se font rares, on se réjouit de l'ouverture d'Entre Nous. À deux pas de la gare du Midi et du très chouette Mammouth, Sara a ouvert une petite cantine où l'on viendra se retrouver autour d'une grande table conviviale, pour un work lunch ou avant un départ en train.

L'endroit est pensé en deux parties, une première pièce où l'on s'installe à table, le temps de se restaurer lors de la pause de midi et une seconde où l'on vient chercher son lunch à emporter et flâner dans la petite épicerie. Les mots d'ordre sur les étagères comme dans l'assiette : du bon et du local. Inscrits sur les sets de tables en papier, le nom des fournisseurs, locaux et bios pour la plupart. Si Sara est originaire de Naples, c'est avant tout des fournisseurs belges en circuit court qu'elle souhaite valoriser chez Entre Nous, s'inscrivant ainsi dans un processus d'alimentation plus juste et plus durable.

La cuisine, quant à elle, est inspirée de recettes typiques du Sud de l'Italie, réinventées à base de produits locaux et de saison. Sur le tableau noir, un menu qui change tous les jours, mais dont la structure reste la même. Un buffet de légumes où l'on compose soi-même son assiette ou sa box à emporter (11€), deux plats de pâtes (12€), trois sandwichs (5€), une soupe (5€) et un plat du jour (15€). Avec à chaque fois, une option végétarienne. On goûte à des ravioli au citron et ragoût de merlan, et à des casarecce aux orties. Deux plats délicieux et généreusement servis.

Accompagnés par de l'eau servie en carafe et de deux espressos, on tient une charmante adresse pour un lunch responsable à prix mini.

EN In an area where gems are hard to find, this restaurant is an oasis. Just a few blocks from the Midi railway station and the very cool Mammouth, Sara has opened this restaurant where everyone sits at a big shared table for lunch or a meal before catching a train.

There are two distinct areas: the first room with the big table where you meet friends for lunch, and the second where you queue at the kitchen counter for a takeout, or to buy fresh produce. The two key words here are good and local. The placemats are printed with the list of their suppliers, all local and organic.

Originally from Naples, all of Sara's suppliers are small farmers in Belgium, but her menu is redolent of southern Italy, re-visited with seasonal, local ingredients. The menu changes daily but the prices remain the same. There is a vegetable buffet (11€) so you can fill your plate or take-away box yourself, plus two types of pasta (12€), three different sandwiches (5€), a soup (5€), and a daily special (15€). And for each of them, there is always a vegetarian option. We tried the lemon ravioli with whiting ragú, and casarecce pasta with nettles and ricotta. Both were fresh and delicious, and the portions were generous. With two espressos, it was a charming and affordable lunch.

Mammouth

Néocantine de quartier / *Local new-age canteen*

10 rue de Russie
1060 Saint-Gilles
+32 2 534 43 98
facebook.com / mammouth.be

Plats / Main courses : 4,50€ - 11€

FR Mammouth est un lieu où il fait bon passer toute la journée, du petit-déjeuner à la pause du milieu d'après-midi pour le café, en passant par le brunch et le lunch. Le premier établissement de ce genre dans le quartier de la Gare du Midi, encore malheureusement peu développé, où on ait vraiment envie de s'attarder. Un pari risqué, réussi haut la main par ces deux sœurs qui, avec Mammouth, ont entamé un nouveau chapitre de leur vie, laissant derrière elles leurs jobs d'avocate et d'institutrice.

Leur accueil, toujours chaleureux et souriant, fait qu'on s'y sent directement comme à la maison. L'espace, grand et très lumineux, est divisé en deux salles et a été joliment décoré de plantes suspendues et de coussins au tissu Kilim colorés dispersés sur les banquettes en bois clair. À l'entrée, se trouve le grand comptoir d'où l'on viendra choisir parmi les desserts maison et les préparations de légumes de l'assiette du jour. On trouve également au tableau noir, en plus de l'assiette du jour, des tartines et des petits pains, garnis de houmous à la betterave, de feta émiettée et de concombre ou encore de délicieux pain de viande maison. Et pour plus de gourmandise, on vous recommande les cookies maison au chocolat, moelleux comme s'ils sortaient tout juste du four.

Le temps file chez Mammouth et on est tombées amoureuses de cet endroit et de ses deux propriétaires qui ont affectueusement prénommé leur cactus Diego.

EN This is the type of place you can go anytime during the day; for breakfast, lunch, coffee or brunch. It is also the first venue of this type around the Midi railways station, at least the first one we've found where we would happily spend some time. A long shot, but a great success for the two sisters who gave up their respective careers in law and education to open this place.

They make you feel completely at home in the light-filled space, which has been divided into two areas and decorated with hanging plants and colorful Kilim cushions. By the entrance, a big open counter from which you can eye up the homemade desserts and the different preparations for the veggie plate of the day. On the black board, in addition to the veggies, sandwiches and buns filled with beetroot hummus, grated feta and cucumber slices (4.60€) or delicious cheddar and home made meatloaf (5.10€). We particularly recommend their chocolate chip cookies, soft on the inside as if they had just come out of the oven.

Time flies at Mammouth, and we have fallen in love with this place and its two owners, who have fondly named their cactus Diego.

Mo Mo

Raviolis tibétains / *Tibetan dumplings*

7 avenue des Villas*
1060 Saint-Gilles
+32 2 522 09 68
mo-mo.eu

Menu lunch / Lunch menu : 13€
Terrasse / Terrace

FR Mo Mo nous a touchées droit au cœur.
Cette petite cantine tibétaine installée sur la rue
Defacqz, ouverte par Lhamo Svaluto depuis 2014,
sert de délicieux raviolis vapeur confectionnés
minute par des femmes tibétaines. Ces raviolis
sont appelés des momo.

La pâte est différente de celle des dim sum
chinois dont nous avons l'habitude, plus épaisse,
et à base de farine de blé. La farce des raviolis,
à base de viande, de fromage ou de légumes,
est parfumée et pleine de goût. On goûte du
gingembre, du cumin noir et de l'anis, des épices
qu'on retrouve également dans l'assaisonnement
des paniers de légumes bios. À midi, une petite
soupe du jour accompagne les paniers de momo
et de légumes, dans une formule lunch saine et
réconfortante.

Depuis cette année 2017, une nouvelle enseigne
a ouvert près de la place van Meenen, où il est
également possible de manger en terrasse.

EN This Tibetan canteen, opened by Lhamo
Svaluto in 2014, has touched our hearts. We love
their steamed dumplings, called momo, made
to order by Tibetan cooks.

The dough is different from the Chinese
dumplings we know; thicker and wheat-based.
The stuffing, made with meat, cheese or
vegetables, is full of flavor; ginger, cumin and
star anise. The same spices can be found in
the steamed vegetable basket served with the
dumplings.

For lunch a soup of the day completes
the menu, making a super-healthy, comforting
meal. Since April 2017, a second branch has
opened near Place van Meenen, where they also
have a small terrace.

*Aussi / Also
27 rue Defacqz
1050 Ixelles
+32 22 522 09 68

Prélude

Bento de saison / *Seasonal bento*

84 rue Antoine Bréart
1060 Saint-Gilles
+32 2 538 61 64
facebook.com / prelude.corner

Bento : 13€
Terrasse / Terrace

FR   Sophie vous accueille au Prélude comme elle vous accueillerait dans sa maison. De la décoration léchée jusqu'à l'élaboration des recettes, c'est corps et âme qu'elle s'est investie dans la création de ce lieu et qu'elle continue à s'y dévouer à 100% tous les jours.

C'est pour ce petit bout de Sophie qu'on adore se rendre au Prélude, un lieu tout à son image. On aime les bouquets de fleurs fraîches sur les tables, le comptoir en marbre de Carrare, les coussins colorés et les petites tables sur la terrasse qui prennent des airs de mariage champêtre lorsqu'elles sont simplement recouvertes d'un draps de lin blanc. C'est avec beaucoup d'attention dans les détails et à la fois tout en simplicité que l'on est reçu au Prélude, comme par une excellente hôtesse de maison. Dans l'assiette ou plutôt dans le bento, c'est la même attention que l'on retrouve. Ici, on déguste un bento revisité à la bruxelloise (13€) mais préparé selon la même idée que le bento japonais: on y trouve tous les aliments pour un repas sain et équilibré, légumes, céréales et protéines, compartimentés pour préserver au maximum les différentes saveurs. La première moitié est la même pour tout le monde et se compose tous les jours d'une céréale accompagnée de trois sortes de légumes. La seconde est à choisir parmi les options: végétarienne, viande ou poisson, qui changent également selon l'inspiration du chef et les arrivages. On y a goûté un excellent roastbeef maison, accompagné d'un pesto de roquette et de cajou, servi avec du chou-fleur au tahine et au citron, des betteraves caramélisées et des carottes rôties. Côté dessert, on craque pour la tarte aux fraises maison de chez Tea for Two, qu'on déguste les pieds dans l'herbe sur la jolie terrasse.

EN   Sophie welcomes you to Prélude as if it were her own home, and in a way it is. She's invested her heart and soul into her restaurant, from the elaborate decor to the writing of each recipe, and she still devotes herself to it every day, which is why we love going there; the place is just as bright as Sophie herself.

We love the fresh flowers on the table, the Carrare marble counter, the colorful cushions, the little tables outside laid with white linen cloths, as if they were about to celebrate a bohemian wedding. Although everything is kept simple, the delight is in all the well-designed details. The same attention is given to the bento (13€), which has been re-visited from its original Japanese version with the aim of producing a complete and balanced meal with vegetables, carbs and proteins divided into separate boxes to preserve the different flavors. The first half is the same for everybody, with a carbohydrate and three different kinds of vegetables. The other half is either vegetarian or with meat or fish, and changes daily depending on what the chef bought in the market. We tried some excellent beef with cashew and arugula pesto served with wild rice, lemon tahini cauliflower, caramelised beetroots and roasted carrots. And for dessert, if it's the season, choose the strawberry tart from Tea for Two, and enjoy it outside on the little terrace.

Café des Spores

Menu tout champignon / *All-mushroom menu*

103 chaussée d'Alsemberg
1060 Bruxelles
+32 2 534 13 03
cafedesspores.be

Menu 3 services / 3 - course menu : 34€

FR Au Café des Spores, on vient manger des champignons de toutes les façons, mais surtout dans toutes les préparations.

On y découvre un menu 3 services avec plusieurs variations d'entrées et de plats, inspiré et généreux. Des plats servis copieusement qu'on aime échanger avec ses voisins de table pour goûter à un maximum de choses. Et puis des plats préparés minute, dont on observe la réalisation depuis nos tables, au comptoir de la cuisine ouverte. Des champignons frais et légers, servis crus en tartare, farcis et laqués, qui fondent dans la bouche, en mousse avec du foie gras ou poêlés avec un magret de canard. Et puis surtout, des champignons en dessert! On retient le cheesecake aux cèpes dont on ne se lasse pas. Tout au long du repas, le chef nous emmène de découvertes en préparations plus classiques, mais toujours de manière raffinée.

Un restaurant qui s'inscrit sans aucun doute dans la lignée des menus uniques et inspirés à ne pas rater à Bruxelles.

EN If you love mushrooms, this restaurant is made for you, as they are included in every dish, and prepared in every possible ways.

Their 3-course menu, with a choice of starters and main course, is definitely an inspired one. We went with friends and all ordered different things so we could taste them all. Everything is cooked in front of you, on the counter of the ground floor open kitchen. Mushrooms are served as a tartare, or roasted and then stuffed, or lacquered to melt in your mouth, or in a mousse with foie gras, and even pan-fried and served with steamed fish or roasted duck. They are even used in the desserts! We particularly enjoyed the boletus cheesecake, and would go back for it alone. The whole menu is a journey along paths better or lesser-known.

A restaurant that without a doubt, places itself among the list of inspired tasting menus that shouldn't be missed in Brussels.

Crab Club

Poissons et fruits de mer / *Fish and seafood*

7 chaussée de Waterloo
1060 Saint-Gilles
+32 472 55 46 95
facebook.com/crabclub1060

Plats / Main courses : 14€ - 25€

FR Qu'importe le nom, c'est surtout pour le poulpe que l'on se rend au Crab Club. Les tentacules laquées servies avec de la poitrine de cochon et des figues fraîches auront fait à elles seules la réputation de l'endroit. Mais on ne pourrait se contenter du poulpe. On vient au Crab Club pour déguster quantité de fruits de mer et de crustacés dont on partage les assiettes avec toute la table, façon mezze. À chaque passage, on s'y régale d'un véritable festin de palourdes, tellines, seiche, couteaux, tourteaux et même parfois de bœuf Aubrac.

Déjà bien connu pour l'ouverture du Café des Spores en 2004 et pour sa marque de champignons séchés Supersec, Philippe Emanuelli s'est associé cette fois avec Yoth Ondara, chef Nîmois d'origine thaïe et ancien du Wine Bar du Sablon, pour une adresse 100% dédiée aux produits de la mer. Sans oublier la participation de Frédéric Nicolay, créateur visionnaire à qui l'on doit déjà une bonne partie de nos établissements fétiches à Bruxelles. Philippe, d'origine bretonne, avait déjà le projet en tête depuis un moment. Avec son associé Yoth, c'est maintenant depuis 2015 qu'ils travaillent ensemble poissons et coquillages, toujours de manière accessible et sans chichis. Les bons produits, c'est tout simplement la base de leur cuisine, dont la carte change en fonction des arrivages. Les deux chefs privilégient les poissons entiers, simplement cuits au four, les assaisonnements relevés aux influences plutôt asiatiques et les associations terre-mer, comme le fameux poulpe-cochon ou encore les délicieuses coques à la sauce poisson et au piment (14€). Notre coup de cœur : un plat de seiche, yuzu et shiso (16€), tendre et délicieusement parfumé.

EN Forget the name, most people are here for the octopus. The huge lacquered tentacles paired with roast pork belly and fresh figs is the signature dish here, but we couldn't miss any of the rest of the menu either. We love to order a feast of fresh seafood and shellfish to share around the table. Every single time we come to the Crab Club, our plates are filled with clams, cuttlefish, razor clams, crab and even sometimes, a piece of Aubrac beef.

Already famous for the Café des Spores and his dried-mushroom brand Supersec, Philippe Emanuelli teamed up with Yoth Ondara, a Thai chef from Nîmes who used to work in Wine Bar du Sablon. Together they have created a menu dedicated to products from the sea.

Frédéric Nicolay, the serial restaurant and bar creator, also played his part in the project. Philippe, originally from Brittany, had been mulling the project for years. Since 2015, he's been cooking fish and shellfish at the Crab Club together with his partner Yoth, always in a tasty yet very accessible way. Quality produce is simply the base of their menu, which changes daily depending on the catch. Baked whole fish are often featured, along with spicy seasonings and land-sea combinations, like their famous octopus and pork, and the clams with fish sauce and pork (14€) we had last time we came. Another favorite is cuttlefish marinated in yuzu with shiso leaves (16€) – perfectly tender and full of flavor.

Frédéric Nicolay

Faire, défaire et refaire
Building, dismantling and rebuilding

FR Avec plus d'une quarantaine de bars et de restos bruxellois à son actif (Le Belga, Crab Club, Oficina, Humphrey...), Fréderic Nicolay est un nom bien connu dans la capitale. Initialement formé dans l'hôtellerie, il s'arrête de cuisiner il y a 20 ans, pour se consacrer pleinement à la création de lieux, d'atmosphère et d'ambiances. Il connait l'importance d'un endroit où l'on se sent bien, sans jamais oublier le service ni la cuisine.

EN Having opened over 40 bars and restaurants in Brussels including Le Belga, Crab Club, Oficina, and Humphrey, Frédéric Nicolay's name is one you remember. Although he started out as a chef, he hasn't worked in a kitchen for twenty years, and now dedicates himself to creating inspiring venues all over town. He knows a place should be both beautiful and welcoming, whilst the service and food should of course never be forgotten.

Qui es-tu?

Ce qui me rend heureux c'est le fait d'être calme et de pouvoir réfléchir sans être dans la précipitation. Ça m'apaise. C'est aussi de découvrir plein de choses et de fonctionner comme un enfant à 48 ans. Je prends la vie un peu comme un jeu et j'ai un peu l'impression de rattraper le temps perdu. Dans ma jeunesse je n'ai malheureusement pas eu une vie très drôle et très amusante et du coup je me rend compte que je prends du plaisir à construire, à faire, à défaire, à refaire. Et puis je crois que ce qui me rend aussi heureux, c'est d'aller chercher tous les projets qui ont foiré, et d'essayer de les relancer. Je me rends compte que c'est très positif. C'est pas nouveau, mais ça donne une bonne confiance en soi que de réparer des choses cassées.

Ton adresse préférée à Bruxelles?

Chez moi. J'ai un problème avec l'horeca en général. J'adore manger, mais j'aime pas cuisiner. Non, j'aime bien cuisiner pour chez moi, mais j'ai un problème avec l'idée même de la restauration. Du coup, souvent je suis un peu stressé quand je vais au restaurant. C'est ambigu. Vu que j'ai fait l'école hôtelière et que j'ai fait ce métier, c'est une profession que je connais. Et en même temps, c'est pas forcément ce que j'aurais voulu faire. C'est pas parce que t'aimes bien manger que t'aimes bien cuisiner. Chez moi, oui, mais ça peut être dichotomique, ce sont deux choses très différentes. Je suis un peu Docteur Jekyll et Mister Hyde.

Ton souvenir culinaire le plus marquant?

Un souvenir marquant, c'est une pizza au foie de volaille, un jour, près de Florence. À l'époque, je travaillais comme cuisinier à l'Enoteca Pinchiorri à Florence, un restaurant trois étoiles. Et comme le dimanche on s'emmerdait, on allait manger dans la campagne. On avait mangé cette pizza au foie de volaille qui était vraiment trop bonne. En plus, on était allés manger là avec les cuisiniers de L'Enoteca Pinchiorri, et dans les cuisiniers il y avait un gars qui s'appelait Carlo Cracco. Une star en Italie. C'est lui qui jette les assiettes à la figure des participants dans la version italienne de Hell's Kitchen. Mais en vrai c'est un gars très sympa, doux comme un agneau. Un super bon cuisinier, avec qui on a passé un super moment.

Who are you?

What makes me happy, is to being really able to think without rushing. It soothes me. I also love discovering lots of new things and being able to act like a kid at 48 years-old. I take life a bit like a game, so I feel I'm catching up on all the time I lost before. I unfortunately didn't have the chance to have a very fun youth, so now I'm getting my own back. I realize that I truly enjoy building, dismantling and rebuilding things and I think that's also partly what makes me happy: to give a new life to old projects which haven't been successful. It's really positive. Although they aren't new projects per se, it makes me feel really confident being able to mend things that have been broken.

Your favorite place in Brussels?

Home is where I feel the best. I have a real problem with hospitality in general. I love to eat, but I don't like to cook. Well no, that's not true. I love to cook at home but I have a problem with the idea of cooking in a restaurant. Therefore it kind of stresses me out every time I go out to eat. It's ambiguous. I've worked in a kitchen myself so I know the job, although it wasn't the one I really wanted to do. You don't love cooking in a restaurant just because you love eating well. But at home, yes definitely. But those are two very different things. I'm a bit like Dr Jekyll and Mr Hyde.

Your strongest food memory?

One strong memory is a chicken liver pizza I had one day just outside Florence. I was working at Enoteca Pinchiorri at the time, a three star Michelin restaurant in Florence. On Sundays we used to get bored, so we would drive into the countryside to eat with the team, and one day we had this incredible chicken liver pizza which was just so, so good. Among the cooks, there was a guy named Carlo Cracco, a real star in Italy. He's the one throwing plates at contestants' faces in the Italian version of *Hell's Kitchen*. But he's actually a really nice guy, gentle as a lamb, and a great cook too. We really had a blast working together.

La Buvette

Menu dégustation unique / *A single tasting menu*

108 chaussée d'Alsemberg
1060 Saint-Gilles
+32 2 534 13 03
la-buvette.be

Menu 6 services / 6 - course tasting menu : 49€

FR S'il ne devait y avoir qu'une seule adresse à retenir à Bruxelles, ce serait celle-ci. La Buvette réunit en un seul endroit tous les critères pour un moment privilégié. Le restaurant est installé dans les locaux d'une superbe ancienne boucherie, presque entièrement carrelée du sol au plafond, à l'exception d'un mur noir profond sur lequel se détache parfaitement une porte joliment entourée de carrelage bleu. Les crochets à viande d'origine, encore suspendus aux poutrelles métalliques, ont été préservés, tels les vestiges d'une autre vie que celle de cette Buvette. Aux commandes, on trouve Nicolas Scheidt, dont la réussite ne fait que prendre de l'ampleur depuis son arrivée à Bruxelles. Après avoir ouvert La Buvette en 2010, repris Le Café des Spores en 2011 et lancé Hopla Geiss en face en 2014, c'est par Alimentation qu'il termine son parcours en 2016, une épicerie fine située en plein cœur du Châtelain.

Mais revenons à cette fantastique Buvette, où l'on peut d'ailleurs encore trouver Nicolas derrière ses fourneaux. À la carte, un menu unique, disponible en deux versions, L - 6 services à 49€ - et XL - 9 services à 64€. Nicolas y travaille des produits de saison, avec des influences tantôt japonaises tantôt alsaciennes, sa région d'origine.

Deux classiques qui ne bougent pas de la carte au fil du temps: l'incontournable épinard, ricotta et sésame noir, une bombe de gourmandise, et la délicieuse tarte au chocolat noir amer et croquant de praliné, non moins gourmande. Pour le reste, surprise. Laissez-vous aller aux associations audacieuses et inspirées, en 6 ou 9 temps. Le service est toujours détendu et le serveur saura vous conseiller, notamment sur les vins, natures pour la plupart.

EN If we had to recommend only one restaurant in Brussels, it would be this one. La Buvette ticks all the boxes which make a restaurant truly special. It is located in a former butcher's shop, the walls of which are tiled almost entirely from floor to ceiling, except for one dark black wall against which a blue tiled door beautifully stands out. The original meat hooks still hang from metal beams, reminding diners of the venue's previous life before it became the Buvette we love. Heading up the team is Nicolas Scheidt, responsible for some of the coolest venues in Brussels. Having opened La Buvette in 2010, taken over Café des Spores in 2011 and launched Hopla Geiss in 2014, his latest opening was Alimentation, a fine grocery in Châtelain in 2016.

But let's go back to our fantastic Buvette, where Nicolas still runs the kitchen. A single tasting menu is available, either six courses for 49€, or nine courses for 64€. The ingredients are seasonal and the inspiration is a fusion of rather Japanese combinations, and more traditional recipes from his birthplace, Alsace.

Two favorites never leave the menu: the iconic spinach, ricotta and black sesame, and the black chocolate pie with a praline biscuit. For the rest, we'll leave it a surprise. The service is always friendly and the waiter happy to guide you through their impressive wine list, much of it natural.

Le 203

Cuisine du monde / *World food*

203 chaussée de Waterloo
1060 Saint-Gilles
+32 2 539 26 43
le203.com

Plats / Main courses : 11€ - 18€
Cour intérieure / Interior courtyard

FR   Avant d'arriver à Bruxelles, Richard vit à Saigon, suit une école d'hôtellerie française en Afrique du Sud, et débute ensuite en cuisine à Melbourne. C'est en rentrant en France qu'il rencontre Mathilde, sa compagne depuis quatre ans et son associée au 203. Ce sont leurs nombreux voyages qui nourrissent la cuisine de Richard, qu'il dit inspirée tout droit du Pacifique.

Leur envie en ouvrant Le 203: travailler une carte courte mettant en avant légumes bios, viandes et poissons de qualité et ne travailler qu'avec des produits provenant d'artisans bruxellois. Au menu du midi, des rillettes de saumon (4,50€) suivies de falafels, houmous et patates douces rôties (11€), un tajine de bœuf aux abricots et amandes grillées (13€) et une galette des rois en dessert (5€). La carte change le soir pour des plats plus copieux et plus travaillés avec toujours une option végétarienne.

L'intérieur, à l'image de la cuisine, se veut simple et chaleureux. Le rez-de-chaussée de cette maison bruxelloise a été aménagé afin de proposer trois ambiances différentes: une grande table à l'avant pour manger avec une bande de copains, la cuisine ouverte au centre où Richard cuisine devant les clients attablés au comptoir, et des tables pour deux dans la salle donnant sur le jardin où l'on se retrouve volontiers pour passer une soirée plus intime.

Pour Richard, cuisiner au 203, c'est comme inviter une bande de copains à la maison. On est accueillis par la bonne humeur de Mathilde qui nous explique la carte avec le sourire, et Richard nous apporte lui-même les plats à table. On se sent comme chez nous, ou encore mieux, comme si on avait été invités chez eux.

EN   Before he arrived in Brussels, Richard lived in Saigon, studied cooking in South Africa and worked as a chef in Melbourne. Back in France, he met Mathilde, his partner both in life and business. Their multiple trips and respective origins (Richard is Australian and South African) inspired a style that he calls "Pacific", which is a fusion of French, Asian and Israeli cuisines.

When opening Le 203, the aim was to keep the menu short, and use seasonal and organic vegetables, and top quality meats and fish from local providers. When we came for lunch, they had salmon rillettes (4.5€), falafels with hummus and roasted sweet potatoes (11€), beef tajine with apricots and almonds (13€) and almond pie (5€). In the evening, the servings are larger and the menu more sophisticated, always with a vegetarian option.

The interior, much like the food itself, aims to make diners feel warm and comfortable. The restaurant is on the first floor of a large house which has been divided into three distinct areas: a big table by the window seating up to eight people, a counter by the open kitchen where you can watch the chef cooking, and a set of tables for two overlooking the garden for a more intimate meal.

Cooking at Le 203 makes Richard feel just as if he's just invited close friends over for dinner. You're always warmly welcomed by Mathilde and her huge smile, and Richard brings the dishes to your table himself. Both of them make you feel right at home, or even better, as if they had invited you to theirs.

Le Dillens

Bar de quartier / *Bar & brunch*

11 place Julien Dillens
1060 Saint-Gilles
+32 2 538 31 36
facebook.com / ledillens

Vins au verre / Wine by the glass : 5€ - 7,50€
Lunch: 10€
Brunch : 13€ - 18,50€
Terrasse / Terrace

FR Le Dillens est un petit bar bruxellois plein de charme où l'on retrouve avec plaisir ses amis pour un brunch, un lunch ou un apéro. Situé à quelques rues du Parvis de Saint-Gilles, il est le joli reflet de ce quartier à forte mixité culturelle.

On aime sa grande terrasse qui donne une nouvelle vie à cette petite place, la vaisselle vintage aux airs très *brusseleir*, les vieux carrelages vert d'eau cassés qui laissent entrevoir les murs de briques rouges, les guirlandes de lumières suspendues au-dessus de la terrasse, les fleurs fraîches sur les tables et le superbe bar aux lignes épurées où on viendra passer sa commande.

Côté bar justement, on retrouve quelques jolies références de vins natures fournis par Titulus, ainsi que du café torréfié en Belgique de chez OR. Côté cuisine, on y mange des viandes de qualité et des fromages belges affinés par Julien Hazard, ainsi que des légumes et des fruits de saison, locaux pour la plupart.

Au Dillens, tout est préparé maison, des suggestions de l'apéro jusqu'aux menus du brunch, et les recettes, créatives et pleines de saveurs, changent régulièrement pour notre plus grand plaisir. On aime les frites de patates douces avec ses trois sortes de mayonnaise pour l'apéro ou encore le Shakshukah et le Gravlax de bœuf proposés lors du brunch.

L'ambiance y est toujours chaleureuse et détendue, parfaite pour venir y bosser la semaine ou pour y passer un moment plus familial le weekend.

EN Le Dillens is a charming little bar, where we happily meet friends for brunch, lunch, or for a drink in the evening. Located just a few streets away from Parvis de Saint-Gilles, it nicely reflects the multi-cultural spirit of the neighbourhood.

We love the big terrace under the trees, which has given new life to the square since its opening. We also love the decor with the vintage plates, the broken original green tiles uncovering the red brick walls, the lanterns hung over the terrace at night, the fresh flowers on the tables and the beautiful custom-made bar.

They have a nice choice of natural wines from Titulus and Belgian roasted coffee from OR as well as top quality meats, Belgian cheese from Julien Hazard and local, seasonal fruits and vegetables.

Everything is made from scratch, from the appetizers to the brunch menus, which is why they change them so regularly. We love the sweet potato chips served with three kinds of mayo, great with a glass of wine and their delicious shakshukah and beef gravlax, which make a perfect brunch.

The atmosphere is always welcoming and laid-back, perfect during the day, with family, or out for a weekend drink with friends.

Rubis

Caviste et bar à vin / *Wine bar*

34 Avenue Adolphe Demeur
1060 Saint-Gilles
+32 2 851 75 57
facebook.com / rubiswinebar

Vins au verre / Wine by the glass : 3€ - 6€
À grignoter / Snacks : 3,50€ - 13€
Terrasse / Terrace

FR C'est d'abord comme étudiant que Pierre Val fait ses débuts dans l'Horeca. Du service en salle où il aura d'abord appris à porter trois assiettes à la fois, il passe rapidement à la sélection des vins, avant de reprendre intégralement en main la carte de plusieurs maisons quelques années plus tard, comme celle d'Inada, du Bois Savanes in Town ou encore du réputé Oki de la rue Lesbroussart. Dans le métier depuis aujourd'hui 15 ans, son parcours est aussi diversifié que les régions dont il importe ses vins.

Ouvert en 2015 aux abords de la place van Meenen, Rubis était pour Pierre un projet de longue date. Curieux de nature, il a passé trois ans chez un importateur de vins bulgares avant d'ouvrir sa propre cave où il sert désormais à ses clients un grand nombre des références qui ont traversé son parcours au fil des ans. Pas question de ne proposer que des vins natures non plus – même si 85% de sa cave est nature, bio ou biodynamique – ici, c'est la qualité qui prime, peu importe le procédé. Grand fan des dégustations à l'aveugle, il nous confie passer plusieurs heures chaque jour à goûter de nouvelles bouteilles depuis le comptoir de son petit bar à vins. Mais c'est surtout les vins en biodynamie qu'il affectionne particulièrement, notamment grâce aux terroirs dont ceux-ci sont porteurs.

Installées au soleil sur les chaises rouges de sa terrasse, on goûte à un excellent vin rouge arménien au cépage autochtone, un Areni 2014 (13,40€ la bouteille) dont la minéralité est due à la culture des vignes en altitude. On accompagne ça d'un délicieux houmous maison (7€) bien citronné et d'une planche de fromages (13€).

EN Before he began designing the wine lists of many fine restaurants in Brussels, Pierre Val first started in the hospitality business as a student, learning to carry more than two plates at once. He started work at Inada, subsequently moved to Bois Savane in Town, and then became the sommelier at Oki, drawing up exciting wine lists and forging bonds with new wine suppliers. In the business for over 15 years now, his diverse journey has served him well.

Having thought about it for years, he opened his wine bar in 2015. He had by that time been working with a Bulgarian wine supplier for three years, and included some of those discoveries on his own wine list. Not all his wines are natural – although he says that 85% of them are either natural, organic or biodynamic – as taste comes first. He is a huge fan of blind wine tastings and says that he spends time each day trying new wines. His personal favorites are biodynamic, mainly because he can taste the richness of the land in them.

We sat at one of the red tables outside and tried an Aremi 2014, a fabulous Armenian red (13.40€ the bottle), an indigenous grape variety cultivated high on the mountains, which gives the wine a particularly mineral taste. To go with it, we ordered a lemony hummus (7€) and a remarkable Sardinian sheep's cheese with truffles.

Un peu plus loin du centre

A bit further from the center

Farci

Comptoir de légumes farcis / *Stuffed vegetables counter*

666 chaussée de Saint-Job
1180 Uccle
+32 477 57 81 00
farci.be

Lunch: 13€

FR   Comme pour beaucoup de petites adresses qu'on affectionne, la fondatrice de Farci n'était pas prédestinée à travailler dans la restauration. Après quelques années passées dans le droit et puis dans le recrutement, Farci a été un retour aux sources pour Tiffany Coune, passionnée de cuisine depuis toujours et qui rêvait depuis longtemps d'ouvrir son propre établissement.

Curieuse de nature, c'est chez *Les Filles* qu'elle aura vraiment appris le métier et où elle aura emmagasiné un maximum de connaissances. En avril 2016, elle ouvre Farci avec un concept clair et une envie: celle de servir des légumes farcis bios et gourmands à ses clients, tout en restant 100% autonome. Pas de salle ici donc, si ce n'est quelques tabourets près de la fenêtre où les habitants du quartier s'installent occasionnellement le temps d'un lunch. Farci est un comptoir plutôt qu'un restaurant, où l'on vient emporter de délicieux légumes farcis préparés de manière artisanale et souvent surprenants de créativité. Parmi les classiques qui reviennent régulièrement, il y a le «Cot Cot Fennel», du fenouil farci au poulet haché et au citron, le «Fresh Beat», de la betterave farcie de feta et de menthe ou encore le «iChicken», un oignon garni de poulet et de pomme. Les farcis sont disponibles au poids ou par trois dans une formule lunch (13€). Installée dans une ancienne papeterie, Tiffany a conservé les étagères d'origine pleines de cachet où elle dispose désormais ses produits d'épicerie fine.

On aime cette cuisine simple et généreuse qui nous rappelle avec nostalgie les repas familiaux de notre enfance.

EN   Like so many other restaurant owners running places we love, Tiffany Coune didn't set out to work in a kitchen. But after a few years as a lawyer and a few more as a recruiter, she bought Farci and went back to her childhood passion for food.

She learned most of her skills at Les Filles, even though she managed the teams rather than worked in the kitchen itself. But she opened Farci with a clear concept in mind: to sell organic, seasonal stuffed vegetables and remain 100% independent. It's therefore not a place where you'll enjoy a meal on the premises, except for a few stools by the window where the occasional passers-by take a seat for a quick lunch. Farci is take-out shop where customers queue to buy creative stuffed vegetables and take them home. Among her classics, the menu regularly features "Cot Cot Fennel" (Fennel stuffed with chicken and lemon), "Fresh Beat" (beetroot stuffed with feta and mint) and the "iChicken", (an onion stuffed with chicken and apple). You can buy stuffed veggies individually by weight or opt for the three lunchtime specials for 13€. Located in an old stationery shop, Tiffany has retained all the beautiful wooden shelving for her fine groceries.

We love her simple yet tasty and generous cooking, which reminds us of family dinners.

Living Room

Néocantine & magasin de design / *New-age canteen & design store*

8 place Jean Rey
1040 Bruxelles
+32 231 11 36
livingroomdesign.eu

Lunch : 6€ - 13€
Terrasse / Terrace

FR En 2015, alors que le quartier peine encore à se développer, on assiste à l'ouverture d'un joli concept store sur la place Jean Rey, en plein cœur du quartier Schuman. Après une carrière en consultance à Paris, Maxime Pain décide de lancer son propre projet en associant ses deux passions : le design et l'Horeca. C'est le début de Living Room, un splendide magasin de mobilier sur deux étages, où il est également possible de s'asseoir pour un café, de déguster une quiche aubergine-chèvre frais ou un scone au cheddar, et même de venir pour le brunch.

Ce qui devait à la base être un petit corner pour boire son latte avec un cookie maison s'est rapidement transformé en une petite cantine à la cuisine fraîche et moderne, à la demande des clients qui semblaient ne pas vouloir quitter leurs fauteuils confortables. C'est donc une réussite pour Maxime, dont l'idée initiale pour le Living Room était que l'on s'y sente exactement comme chez nous.

On se trouve bien ici dans un concept store réunissant déco, vaisselle et mobilier design, mais à mille lieues des magasins aseptisés où l'on n'ose à peine regarder les canapés. Ici, ça vit et on s'y sent comme à la maison. Et si justement on aimerait emporter une partie de la déco chez nous – étagères String, luminaires Pulpo, chaises Ercol et autres carafes scandinaves – ça tombe bien, c'est le but du magasin. Tout y est à vendre, de la tasse de votre café jusqu'à la chaise sur laquelle vous le dégustez. Une chouette manière de découvrir de nouvelles marques de déco et de mobilier, et de dénicher le cadeau parfait à tous les prix puisque leur offre papeterie commence à 3,60€.

EN In 2015, when it was still developing, a new concept store opened on Place Jean Rey, in the heart of the Schuman area. After a career as a consultant in Paris, Maxime Pain launched a project uniting his twin passions for design and food. Living Room is a beautiful furniture shop on two floors, where you can have a coffee, an eggplant quiche, a cheddar scone or even a full brunch with friends.

What was intended to be just a small corner serving lattes and homemade cookies rapidly became a busy kitchen serving breakfast and lunch as the customers just never seemed to leave. A success for Maxime, whose initial idea when opening Living Room was to make people feel right at home. It may be a design concept store, its atmosphere is a million miles away from those cold and polished design shops where you barely dare to glance at the couches.

The staff is always welcoming, whether you are alone, with friends or with kids, and if you'd like to take something home - string shelves, Pulpo lights, Ercol chairs or a Scandinavian jug – just ask, as it's the whole point of the store. Everything is for sale, from your coffee cup to the sofa you're sitting on. A very cool way to discover new design brands and get the perfect gift whatever your budget, as their stationery selection starts from 3.60€.

Bouchéry

Voyage gastronomique / *Gastronomic restaurant*

812A chaussée d'Alsemberg
1180 Uccle
+32 2 332 37 74
bouchery-restaurant.be

Menu 3 services / 3 - course menu : 58€
Lunch végétarien / Vegetarian lunch : 17€
Jardin / Garden

FR Situé loin du cœur de Bruxelles, à Uccle, c'est dans une véritable bulle que l'on se plonge lorsque l'on pénètre dans cet écrin de douceur entièrement pensé par Bénédicte Bantuelle. Avec le chef Damien Bouchery, ils ont conçu un restaurant propice à la découverte où nos cinq sens sont toujours aux aguets. On aime y arrêter le temps et profiter d'un repas pour se laisser émerveiller, tout simplement.

Nous avons découvert le restaurant à travers un menu en 3 services (58€), introduit par une jolie mise en bouche à base de crème de chou-fleur, de chou romanesco cru, de bulot et de vinaigrette à l'encre de seiche. C'était joli pour les yeux et bon pour les papilles. On commence toujours bien chez Bouchéry.

L'entrée était un skrei de Norvège, servi avec une déclinaison de betteraves cuites dans du marc de café. C'était la première fois qu'on découvrait cette combinaison dont nous sommes depuis tombées amoureuses. Mais c'est le plat, qui nous a le plus marqué : de la poitrine de cochon braisée avec une purée de céleri confit, émulsion et jus d'oursin. Une association terre et mer qui nous a également surprises, mais dont la justesse nous a semblé une évidence.

On termine avec un dessert frais et léger : un sorbet à la reine des prés, servi avec de la faisselle, des oranges sanguines et une tuile d'orange. Damien pense son menu au jour le jour en fonction de la saison et, lorsque ses produits ne proviennent pas d'agriculteurs locaux, c'est qu'ils sont faits maison, comme le pain, le beurre ou le fromage.

EN Located in Uccle just outside the heart of Brussels, it is a real bubble that you will dive into when entering Bouchery, a beautiful hideaway which is the brainchild of Bénédicte Bantuelle. With chef Damien Bouchery, they have designed a venue for culinary discovery, which will stimulate all five senses. As soon as you enter the restaurant, time will stop for you to enjoy every single second of your meal.

We discovered this gem through their 3 - course menu (58€) which started with a sophisticated appetizer made of cauliflower cream, raw Romanesco cabbage, with a whelk and squid ink dressing. It was a delight for both the eyes and the tastebuds, a perfect start.

The starter was Norwegian cod served with beetroot cooked in coffee grounds. It was the first time we tasted this combination and we've been in love with it ever since. But it's the main dish that we remember most vividly : braised pork belly with a celery and sea urchin emulsion. A surprising surf and turf combination that blew our minds completely.

We finished with a fresh, light dessert, a Meadowsweet sorbet with fresh cheese, blood orange and an orange cracker. Damien changes the menu daily according to the season, and when he doesn't source his products from local farmers, it's because he makes them himself like the bread, the butter and the cheese.

Julien Hazard

Un poulet trois étoiles
A Michelin three star chicken

FR Julien Hazard est fromager, mais avant tout affineur. Dans sa boutique de la rue Vanderkindere à Uccle, il dispose de quatre caves différentes d'affinage – une pour chaque famille de fromager. L'expertise de son métier réside dans l'accompagnement des fromages jusqu'à la maturité parfaite pour que l'odeur, la texture et le goût soient optimal.

EN Julien Hazard is a cheese refiner. In his shop in Rue Vanderkindere in Uccle, he has four separate cellars – one for each different type of cheese. His expertise is bringing the cheeses to the perfect aging point so that the smell, texture and taste are as good as they can be.

Qui es-tu?

J'ai toujours eu de mes parents un goût pour la gastronomie. Ils adoraient bien manger, et on mangeait le soir ensemble, un verre de vin à table. C'était un moment très important et mes parents nous emmenaient très régulièrement dans de très bons restaurants. Et en tant qu'étudiant, j'aimais déjà bien manger et cuisiner. Mon kot étudiant était à l'époque tout près d'une très bonne poissonnerie et d'un très bon fromager, Monsieur Elsen. Chaque semaine, avec ma compagne, on allait se chercher un ou deux fromages. C'était cher pour notre budget d'étudiant mais on adorait ça. Au moment où j'ai décidé d'arrêter mes études, Monsieur Elsen a collé une affiche sur sa vitrine disant «Nous cherchons quelqu'un qui aime le fromage et offrons un apprentissage en tant que spécialiste». Je me suis présenté, j'ai commencé et là je ne suis plus jamais parti. C'est devenu une véritable passion. Après 10 ans d'apprentissage, j'ai ouvert ma boutique.

Ton adresse préférée à Bruxelles?

Je dirais Bozar Brasserie, parce que Karen et moi, on se ressemble dans le côté maniaque de faire les choses, d'aller jusqu'au bout, et ça j'apprécie beaucoup. J'adore des restaurants comme La Buvette, et j'ai une liste immense d'endroits où j'aime aller, mais je suis quelqu'un de gourmand et j'adore ce côté artisan. Amener des recettes à un niveau exceptionnel, je trouve ça top. Et puis surtout, c'est magnifiquement bon.

Ton souvenir culinaire le plus marquant?

Là il y en a beaucoup car j'ai mangé beaucoup. Quand j'étais enfant, j'ai eu la chance d'aller manger dans de grands restaurants avec mes parents. Chez Troisgros***, mon frère et moi étions encore très jeunes, nous logions à l'hôtel. Nos parents mangeaient au restaurant, et nous, nous avions reçu un repas servi en chambre. C'était juste du poulet, ils avaient fait des pommes de terre, des légumes mais c'était déjà magnifique. Nous étions juste tous les deux à déguster ce poulet dans cette chambre et ça reste le meilleur poulet que j'ai jamais mangé. Je m'en souviens encore.

Who are you?

I've always had a definite taste for gastronomy passed on from our parents. They loved to eat well and in the evenings we would all eat together, with a glass of wine. It was a really important moment for us and our parents would regularly take us to really good restaurants. As a student, eating well and cooking were already habitual. My apartment was, at that time, located near a really good fish and cheese shop, run by Mr Elsen. Each week, my girlfriend and I would pick up one or two different cheeses. It was quite expensive at the time on our small budget, but we just loved it. When I decided to stop studying, Mr Elsen had just stuck a notice in his window reading, "We are looking for someone who loves cheese to train as an apprentice". I applied, started immediately and have never left the cheese industry. Over the years, it has become a true passion and after ten years of training, I opened my very own shop.

Your favorite place in Brussels?

I'd say Bozar Brasserie, because I think Karen and I are very alike in the way we get maniacal about things. He's also someone who will do whatever it takes to go all the way, which is something I really appreciate. I love restaurants like La Buvette, and I've got a huge list of places I love, but I'm mostly attracted by the craftsmanship of lots of chefs today. Bringing recipes to a rare level of excellence with simple products is what I find amazing. And best of all, it's often truly delicious.

Your strongest food memory?

There are a lot because I've eaten a lot. When I was a kid, I had the opportunity of eating in amazing restaurants with my parents. At Troigros***, when my brother and I were still very young, we were staying in a hotel. Our parents were eating downstairs in the restaurant, while we had a meal served in our room. It was just roast chicken, with some potatoes and vegetables, but it was incredible. It was just the two of us, eating chicken in that hotel room, and even today, it remains the best chicken I've ever eaten.

Caffè al Dente

Fine cuisine italienne / *Fine Italian cuisine*

85-87 rue du Doyenné
1180 Uccle
+32 2 343 45 23
caffealdente.com

Plats / Main courses : 12€ - 28€
Jardin / Garden

FR Une osteria, un negozio et une enoteca, Le Caffè al Dente, c'est un peu tout ça à la fois. Implanté près du Parvis Saint-Pierre depuis 17 ans déjà, c'est seulement depuis 2010 que les clients peuvent profiter à leur guise des quatre espaces distincts de cet établissement 100% italien. Par la porte de gauche, on pénètre directement dans l'osteria. Ici, il vous faudra réserver pour profiter d'une soirée avec un éclairage tamisé, entouré de bouteilles de vins transalpins et de tables recouvertes de nappes blanches. On y sert une cuisine de terroir basée autour des meilleurs produits importés directement d'Italie : une assiette d'antipasti, quelques plats de pâtes et un ou deux plats de viande ou de poisson en suggestion, *basta*. Au fond, après avoir dépassé le comptoir en marbre de la cuisine ouverte où officie le chef, vous pourrez vous installer sous les vignes de la terrasse, pour oublier le temps d'un repas d'été que vous vous situez bien en plein cœur de Bruxelles.

Mais si vous choisissez d'entrer au Caffè al Dente par la porte de droite, vous pénétrerez dans un tout autre univers. Ici, vous êtes en plein negozio, là où il faut se rendre pour se procurer les pâtes que vous essayerez de préparer tout aussi al dente chez vous, accompagnées de guanciale et de véritable passata de tomate, disponibles également dans la boutique.

Enfoncez-vous encore un peu, et vous vous trouvez dans l'enoteca. On y vient pour déguster la pâte du jour, accoudé à une table haute, accompagnée d'un excellent verre de vin rouge italien, d'une burrata ou d'une planche de mortadelle – tout comme on le ferait à la Gazzetta, sa petite sœur du quartier Louise.

EN An osteria, a negozio and an enoteca: the Caffè al Dente is all of that at the same time. Located right next to the Parvis Saint-Pierre for over 17 years now, its customers have only been enjoying the four distinct areas of this genuine Italian venue since 2010. From the left entrance, you walk straight into the osteria, where you'll have to make a reservation if you want to enjoy an evening in dim lighting, surrounded by Italian wine bottles and tables laid with white linen. They serve spontaneous and fine Italian cuisine here, using the best ingredients imported straight from Italy. A plate of antipasti, a few pasta dishes, one or two meat or fish suggestions and *basta*. Walk through to the back, past the open kitchen and the chef at work, and you can sit in the garden under the vines and forget you are still in the heart of Brussels.

But if you walk into Caffè al Dente through the door on the right, you step into a totally different universe. You are in a negozio, where you'll buy the pasta you'll try to cook just as *al dente* at home, along with authentic tomato passata and guanciale.

Walk through that, and you will find yourself in the enoteca where you can enjoy the pasta of the day sitting at a high table, along with a glass of Italian red wine, a burrata and a plate of mortadella – just as you would at Gazzetta, its little sister in Louise.

Friture René

Cuisine belge traditionnelle / *Traditional Belgian cuisine*

14 place de la Résistance
1070 Anderlecht
+32 2 523 28 76

Plats / Main courses : 17€ - 31€

FR Chez Friture René, il s'agit avant tout d'une histoire de famille. Alors que Dirk se cache en cuisine, sa femme Dorine sert en salle avec leur fils Nicolas. Depuis 1987, la famille officie ensemble dans ce lieu au blason 100% belge. Un restaurant bien présent dans le paysage bruxellois, implanté depuis 1932 à côté de la célèbre rue Wayez, à Anderlecht.

Le lieu, tout de boiserie et de nappes à carreaux rouges est le repère rêvé de tout bon *brusseleir*. On découvre une carte imprimée sous forme de journal, bien remplie, mettant en valeur la cuisine et le terroir belge. Les moules parquées (9,60€), juste ouvertes et accompagnées d'une vinaigrette à la moutarde, sont ultra-fraîches et rivalisent parfaitement avec l'assiette d'huîtres Gillardeau (21€). L'entrecôte Cube-roll qui suit (31€), une viande d'origine argentine plus épaisse et plus persillée que l'entrecôte blanc-bleu-belge, est parfaitement cuite. Rien à redire, sauf qu'il est difficile d'arriver à bout de cet énorme morceau de 400 grammes.

Alors que le repas touche à sa fin, Nicolas vous proposera sûrement de faire l'expérience du cérémonial du thé chinois. Une passion qu'il a développée depuis plusieurs années et qu'il propose désormais à ses clients pour clôturer un repas initialement bien de chez nous. Il vous parlera de thé comme les meilleurs sommeliers parlent de vin. Un moment hors du commun à ne pas manquer pour vivre pleinement l'expérience de Friture René.

EN Friture René is a family business; when Dirk is in the kitchen, his wife Dorine and their son Nicolas take care of welcoming their customers. This family has been running this renowned traditional Belgian restaurant since 1987. Opened on rue Wayez in 1932, this institution has been drawing customers in from all over the city for as long as we can remember.

Decorated with old wood and checked tablecloths, it is a real landmark for the *brusseleir*. The menu, printed on a newspaper, is full of traditional dishes highlighting Belgian cuisine. The *moules parquées* (raw mussels), served with mustard dressing (9.60€) are amazingly fresh and easily compete with the Gillardeau oysters (21€). The thick, marbled, Cube-roll rib steak from Argentina (31€) is perfectly cooked and tender. Nothing to say except that its 400 grams size makes it quite difficult to finish.

As the meal slowly comes to an end, Nicolas offers diners a traditional Chinese tea ceremony – a passion he developed and now offers his customers, taking them on an unusual detour after such a traditional Belgian meal. A special moment you don't want to miss to fully live the Friture René experience.

Le Canard Sauvage

Cuisine du marché / *Seasonal cuisine*

194 chaussée de la Hulpe
1170 Watermael-Boitsfort
+32 2 230 10 57
canardsauvage.org

Plats / Main courses : 13€ - 23€

FR À deux pas de la place Wiener, en face des étangs de Boitsfort, Le Canard Sauvage est un bistro d'un nouveau genre. Ouvert par Géraldine et Aline, on s'y retrouve à n'importe quelle heure de la journée pour profiter de cet espace polyvalent, dans une ambiance toujours ultra-conviviale. La pièce principale est très grande mais n'en est pas moins bourrée de charme. Toute en longueur, elle est décorée de plantes suspendues, de petites tables aux nappes en vinyle coloré et est reliée à l'entrée par un énorme bar en bois serti d'ampoules à facettes.

Les produits préparés sont bios pour la plupart et toujours de saison ; une place majeure est accordée aux légumes dans les préparations. À la carte, deux entrées et trois plats qui changent toutes les semaines, avec toujours une option végétarienne et une formule entrée-plat à 16€. On goûte à la pastilla de volaille avec du houmous et au taboulé aux jeunes pousses. Les entrées sont fraîches et pleines de goût. Mais c'est surtout le duo de caille et de saucisse Xixtora, accompagné de légumes de saison et d'un jus aux tomates séchées qu'on retiendra. Le soir, on trouve à la carte des plats un peu plus travaillés comme la tagliata de veau, poireau, beurre citron-sauge et pommes de terre tournées (23€) ou encore la pissaladière d'aubergine, ricotta et gnocchi (18€).

À côté du bar, un espace boulangerie où sont préparés le pain ainsi que les viennoiseries du petit déj'. Un gros plus pour les habitants de Boitsfort qui peuvent venir y chercher leur pain jusqu'à la fermeture du restaurant le soir. Et le week-end, toutes sortes d'activités sont proposées aux enfants afin de laisser les parents profiter de leur brunch dominical en toute tranquillité.

EN A couple of streets away from place Wiener, opposite the lakes of Boitsfort, Le Canard Sauvage is a new type of modern bistro. Opened by Géraldine and Aline, the multi-purpose space welcomes customers from breakfast to dinner in a relaxed, happy atmosphere. The main room is quite big, but no less charming for all that. Plants hang from all across the ceiling, and colorful tables fill up the space. A huge wooden bar with faceted lightbulbs links the entrance to the main room.

Most of their produce is organic and always seasonal, so vegetables and fresh herbs are often in the spotlight. The menu includes two starters and two mains which change every week, and always have a vegetarian option and a starter + main combo for 16€. We tried the chicken pastilla with hummus, and the tabbouleh with wild green leaves, and both starters were fresh and full of flavor. But the quail and Xixtora sausage duo was most memorable, served with seasonal vegetables and sun-dried tomato juice. In the evening, the menu is a little more sophisticated, including dishes like veal tagliata with leeks, lemon-sage butter and roasted potatoes (23€) and eggplant and riccota pissaladière served with gnocchi (18€).

Beside the bar is their very own bakery where they make bread and pastries for the restaurant. A real bonus for locals, who come and buy bread and croissants until late in the evening when the restaurant closes. At the weekend, Géraldine and Aline organise all sorts of activities for children, making it easier for parents to enjoy brunch in a relaxed and peaceful atmosphere.

Le Transvaal

Cuisine bistronomique de saison / *Seasonal bistro cuisine*

40 avenue Joseph Chaudron
1160 Auderghem
+32 2 660 95 76
letransvaal.be

Lunch : 18€
Plats / Main courses : 20€ - 27€
Terrasse / Terrace

FR   C'est dans un quartier résidentiel en plein cœur d'Auderghem que Raphaël de Sadeleer a choisi d'ouvrir son premier restaurant. On vient donc jusqu'au Transvaal plutôt via le bouche à oreille et grâce à la réputation de l'endroit, qui n'a pas tardé à se répandre dès l'ouverture. Sur un petit coin de rue mignonne comme tout, dans une ancienne boucherie carrelée du sol au plafond, coincée entre deux maisons, Raphaël prépare une cuisine qu'on pourrait qualifier de bistronomique et gourmande, faisant la part belle aux produits de saison. La petite terrasse, remplie de chaises jaunes Ricard et entourée de vignes, a des airs du Sud de la France et est tout simplement parfaite pour déguster un verre de rosé bien sec en profitant du soleil avant de commencer le repas. Dans un petit coin de la carte, le chef vous invite d'ailleurs à prendre votre temps, ce qu'on s'applique à faire avec plaisir.

On commence en partageant une fleur de courgette farcie aux asperges et gambas accompagnée d'une vichyssoise d'asperges blanches et de piment d'Espelette (15€). Un régal. On poursuit avec un filet de bar bio accompagné d'asperges vertes, de fenouil braisé et d'un délicieux tartare de légumes crus méditerranéens ultra rafraîchissant (26€) et un plat de *tortelloni al ragù* au jambon San Daniel (19€). On est bien.

Si le temps se rafraîchit une fois le soleil couché, il nous permet aussi de profiter de la petite salle intérieure sans remords, et de prendre le temps d'observer les anciens éléments de la boucherie d'origine qui ne vont pas sans nous rappeler ceux de La Buvette.

EN   Raphaël de Sadeleer chose to open his very first restaurant in a rather residential area, in the heart of Auderghem. The customers therefore make their way to the restaurant because of its reputation, which has rapidly spread via word of mouth across Brussels. Jammed between two houses on a cute little street corner in an ancient butcher's shop tiled from floor to ceiling, Raphaël makes hearty yet delicate dishes using seasonal ingredients. The little terrace, filled with bright yellow chairs and surrounded by vines, reminds us of the south of France and is a perfect spot to enjoy an early-evening glass of dry rosé. In the top right corner of the menu, the chef advises you to take your time, which we were more than happy to do.

We started by sharing a stuffed zucchini flower (15€) filled with asparagus and prawns and served with asparagus Vichyssoise. Pure bliss. We continued with a filet of sea bass served with asparagus, grilled fennel and a delicious Mediterranean raw vegetable tartare (26€), and *tortelloni al ragù*, stuffed with San Daniel ham (19€). Needless to say we had a fabulous time.

If it gets chilly once the sun goes down, it's also the perfect excuse to continue the evening inside and enjoy looking at the remaining features of the old butcher's shop, which remind us of the similar decor in La Buvette.

Menma

Bar à ramen / *Ramen noodle shop*

123 avenue des Saisons   Ramen : 13€
1050 Ixelles
+32 2 648 73 70
facebook.com / menmabelgique

FR Situé sur l'avenue des Saisons, dans le quartier du Cimetière d'Ixelles, Menma a pris la place du très réputé Kamo, déménagé quelques semaines plus tôt sur la chaussée de Waterloo. Une adresse de plus à Bruxelles pour les amateurs de soupes de nouilles ramen, et pas n'importe lesquelles. Chez Menma, l'accent est mis sur le fait maison et bien que le plat principal soit d'origine japonaise, les produits sont majoritairement locaux. Les gyozas sont préparés chaque matin et les délicieuses nouilles sont confectionnées sur place à base de farine belge et sont servies accompagnées de rôti de porc – belge également – et de bambou fermenté portant le nom de « menma », la spécialité de la maison.

Les bouillons, riches et épais, ont mijoté avec du sel, du soja ou encore du yuzu, pendant plus de 24 heures afin de libérer un maximum de saveurs. On aime tout particulièrement celui au yuzu (13€), délicieusement parfumé, une nouveauté pour nous et pour le paysage culinaire bruxellois.

L'accueil, bien que principalement en japonais, est toujours chaleureux et souriant. Une fois à table, tous les détails sur la fabrication des nouilles et la préparation du bambou fermenté vous seront expliqués sur la petite carte plastifiée. Pas de chichis ici, on est dans une adresse toute en simplicité, mais qui rejoint sans hésitation le podium des meilleurs ramen de Bruxelles.

EN Located on avenue des Saisons, close to the Cimetière d'Ixelles, Menma has opened right where the famous Kamo restaurant used to be, a few weeks after it moved to chaussée de Waterloo. Another spot for ramen lovers in Brussels, and not the least. At Menma's, the focus is on homemade products and though the main dish is obviously Japanese, most of its ingredients are sourced in Belgium. Gyozas are homemade every morning and the delicious ramen noodles are made on the premises with Belgian wheat, then served with roasted pork, also from Belgium, and fermented bamboo shoots carrying the name "menma", the house specialty.

The broths, rich and thick, simmer on the stove for at least 24 hours before being served, with either salt, soy sauce or yuzu, to release as much flavor as possible. We particularly love the Yuzu ramen (13€), deliciously fragrant; a discovery for us and something new on the Brussels food scene.

The service, though mostly in Japanese, is always warm and welcoming. Once seated, you will find all the details about their noodles and fermented bamboo shoots printed on the little plastic menu. Certainly no frills in this very modest ramen joint, but definitely one of the best spots to eat ramen in Brussels.

Origine

Cuisine gourmande et de saison / *Hearty seasonal cuisine*

36 rue Général Leman
1040 Etterbeek
+32 2 256 68 93
facebook.com / originerestaurant

Plats / Main courses : 18€
Menu 4 services / 4 - course menu : 38€

FR   Après avoir exploré des cuisines australiennes, parcouru de part en part l'Asie du Sud-Est et bossé deux ans dans les cuisines de Bart de Pooter au Wy, c'est dans le quartier Jourdan que Xavier Lizen ouvre finalement son restaurant. En découvrant le lieu avec sa compagne Margaux, c'est le coup de cœur. Origine ouvrira ici à peine quelques mois plus tard, rue Général Leman, à deux pas de la place Jourdan.

Un projet plein d'amour comme leur devise « amour, boire et manger », mais aussi parce que tous leurs amis y ont un peu participé. Sur le mur de droite par exemple, une énorme fresque aux couleurs pop crée l'identité du restaurant à elle toute seule.

Côté cuisine, les plats se rangent en quatre catégories sur le tableau noir : froid (10€), tiède (14€), chaud (18€) et doux (7€). Quatre plats, cela nous semble être le compromis parfait pour une jolie soirée qui dure et pour un petit prix, vu que le menu complet est proposé à 38€.

On se laisse tenter par le tartare de maquereau et granny smith en entrée froide, servi avec une purée de betterave et des oignons rouges en pickles. C'est doux, léger et super frais et l'assiette se vide en quelques secondes. Le dos de cabillaud rôti et risotto d'épeautre au citron confit est une pure gourmandise et la cuisson du poisson est tout simplement parfaite. On se régale. Quant à l'assiette végé, c'est un trio de caviar d'aubergine, de houmous de courge butternut et de petites croquettes de halloumi. Ici aussi, c'est la gourmandise qui prédomine. Si la carte en quatre temps change tous les mois, le lunch (15€), quant à lui, change tous les jours. Une raison de plus pour pousser sans hésiter la porte de chez Origine.

EN   Having explored some of Australia's most hidden kitchens, travelled across South-East Asia, and worked at Wy in Bart de Pooter's kitchen for two years, Xavier Lizen opened his own restaurant in Jourdan. He and his partner Margaux fell in love with it, the first time they visited the place, and Origine opened its doors just a few months later on rue Général Leman, a street away from place Jourdan.

It is filled with love, reflecting their motto: "love, drink and eat" and the number of friends who participated in the project. On the wall for example, hangs a giant painting in pop colors which makes the room unique.

On the menu, dishes are divided into 4 types of courses, written up on the blackboard: cold (10€), warm (14€), hot (18€), and sweet (7€). Four courses seems to us the perfect number to enjoy a long meal, while being quite affordable too, as a whole menu costs just 38€.

We tried the mackerel tartare with Granny Smith apples as a cold starter served with beetroot purée and pickled red onions. It was fresh, light and simply delicious. The roasted cod with spelt risotto and candied lemon was a´pure treat and the fish was perfectly cooked. The vegetarian dish was a real success as well, an eggplant caviar, butternut hummus and haloumi croquette trio. Although the menu changes every month, the lunch however, changes daily. One more reason to step inside Origine with no hesitation.

Tontons

Spaghetti bolo bien belge / *Belgian bolognese*

69 rue du Doyenné
1180 Uccle
+32 2 217 03 61
facebook.com / tontons.be

Pâtes / Pasta : 12€ - 15€
Terrasse / Terrace

FR Tontons a tout d'un bistro de quartier. Installée à côté du Parvis Saint-Pierre, Valérie Delange entreprend de relever le pari de rendre ses lettres de noblesse au « bolo » belge de chez nous. Ici, pas de *tagliatelle al ragù* mais des spaghetti dans une sauce tomate mijotée à feu doux pendant des heures avec de la viande hachée de qualité. Les pâtes, cuites parfaitement al dente, sont ensuite servies recouvertes d'une montagne de Comté ou d'Emmental râpé.

La carte est courte mais efficace. Pour commencer, la planche apéro à partager (13€) accueille les charcuteries de la célèbre ferme Cuvry, avec notamment de la hâte levée, spécialité du Hainaut, de la saucisse sèche ou encore de la maquée aux fines herbes servie avec des radis. À côté du bolo Tontons (12€) sur le grand tableau noir, on trouve les spaghetti jambon-fromage (12€), les macaroni au gratin et sauce béchamel (13€) ou les linguine au thon blanc, câpres et zestes de citron (15€). Le petit plus : la possibilité de commander ses pâtes sans gluten pour un supplément de 3€.

Les intitulés de la carte nous ramènent tout droit en enfance, jusqu'à la pomme au four en dessert (7,50€), qui nous rappelle celle de notre grand-mère. Le lieu est chaleureux et plein de charme avec son vieux plancher, ses tables en marbre et ses longues banquettes vert bouteille. Valérie nous raconte que c'est avec l'aide de ses deux tontons qu'elle a imaginé cet endroit et que le nom de l'établissement s'est par la suite imposé tout naturellement.

Lors des beaux jours, la terrasse est de sortie sur le trottoir d'en face, une raison supplémentaire d'y retourner pour un moment régressif à souhait.

EN Tontons has got the looks of the typical around-the-corner Belgian bistro. Located right next to the Parvis Saint-Pierre in Uccle, the real difference stands in its menu. Valérie Delange, the owner, dared to put the traditional Belgian spaghetti bolognese recipe back in the spotlight. No *tagliatelle al ragù* here, but spaghetti served with a slow-cooked tomato sauce and quality minced beef. Once perfectly cooked, the spaghetti is topped with the sauce and a mountain of freshly grated Emmental or Comté.

The menu is short but efficient. The starters (13€) includes some of the best cold cuts from the famous Cuvry farm, served along with fresh maquée cheese and radishes. Besides the Tontons Bolognese (12€) on the blackboard, you'll find ham and cheese spaghetti (12€), oven-baked macaroni and cheese (13€) and white tuna linguine with capers and lemon zest (15€). A notable plus point is that you can order gluten-free pasta for 3€ extra.

The dish titles on the menu take us back 20 years, especially the baked apple with whipped cream (7.50€), just like our grandmothers used to make. The place is elegant and charming, with old wooden floors, marble tables and dark green leather seats. Valérie says that both her uncles, with whom she is really close, helped her open the place and inspired the name Tontons.

When the sun is out, their terrace stretches right across the street. Another reason to go and enjoy an authentic and truly comforting Belgian meal.

Index